QUARTET

INTERMEDIATE JAPANESE ACROSS THE FOUR LANGUAGE SKILLS

SUPERVISOR | TADASHI SAKAMOTO
AUTHORS | AKEMI YASUI / YURIKO IDE / MIYUKI DOI / HIDEKI HAMADA

4技能でひろがる

中級 日本語 カルテット♪

監修 | 坂本正
著 | 安井朱美／井手友里子
土居美有紀／浜田英紀

| 教師用ガイド |

the japan
times
PUBLISHING

4 技能でひろがる　中級日本語 カルテット　教師用ガイド
Quartet: Intermediate Japanese Across the Four Language Teacher's Guide

2023 年 4 月 20 日　初版発行
2024 年 9 月 20 日　第 2 刷発行

監修者：坂本 正
著　者：安井朱美・井手友里子・土居美有紀・浜田英紀
発行者：伊藤秀樹
発行所：株式会社 ジャパンタイムズ出版
　　　　〒 102-0082 東京都千代田区一番町 2-2　一番町第二 TG ビル 2F

ISBN978-4-7890-1859-3

First edition: April 2023
2nd. printing: September 2024

Layout, typesetting and cover art: Hirohisa Shimizu (Pesco Paint)
Printing: Nikkei Printing Inc.

Published by The Japan Times Publishing, Ltd.
2F Ichibancho Daini TG Bldg., 2-2 Ichibancho, Chiyoda-ku, Tokyo 102-0082, Japan

Website: https://jtpublishing.co.jp/
Quartet-Online: https://quartet.japantimes.co.jp/

ISBN978-4-7890-1859-3

Printed in Japan

は じ め に

教師用ガイドについて

　本書は『4技能でひろがる中級日本語カルテット』をより効果的に指導するための教師用ガイドです。「読む」「書く」「話す」「聞く」、4つのセクションの組み合わせ方や時間配分などについて、テキストとワークブックのほか、「教師用リソースパック」や「カルテットオンライン」のリソースの活用法も交えながら、課ごとに詳しく説明しています。

本書の構成

第1章：『4技能でひろがる中級日本語カルテット』について

　『カルテット』シリーズ開発の理念や背景、教材の特長や全体構成をまとめてあります。授業時間の目安では、機関ごとに異なる時間数に合わせて使いやすいよう、通常の時間割りとして想定している使い方のほか、短縮バージョンの提案や時間調整のヒントも紹介しています。

第2章：『カルテット』を使った中級指導のヒント

　『カルテット』が目指す中級レベルの日本語学習について、初級から『カルテットⅠ』へ、そして『カルテットⅡ』から上級へ、それぞれの移行時に役立つポイントをQ&A形式でまとめました。また、全課に共通する教え方では、テキストを構成している「読む」「書く」「話す」「聞く」と「ブラッシュアップ」の各セクションのポイントをつかみ、『カルテット』の基本的な指導法が理解できるようになっています。

第3章：各課の指導ポイント

　「読む」のセクションを中心に、『カルテットⅠ』の第1課〜第6課、『カルテットⅡ』の第7課〜第12課の進め方を課ごとに詳しく紹介しています。テキストとワークブックそれぞれの質問と答えや内容理解のためのQ&Aも併記してあるため、そのまま教案としても活用可能です。

　また最後には、テスト と評価の例を掲載しています。この問題例を使った小テストは「教師用リソースパック」に収録されています。

も く じ

第1章

『4技能でひろがる
中級日本語カルテット』
について

1 『カルテット』のコンセプト

開発にあたって

　初級（250 〜 300 時間）が修了した日本語学習者のための中級総合教材である『4 技能でひろがる中級日本語カルテット』は、その名の通り、中級レベルに必要な文型・表現・ストラテジーを学びつつ、4 技能（読む・書く・話す・聞く）をバランスよく伸ばすことを目標としています。

　本教材を開発するきっかけになったのは、中級レベルへの移行がスムーズにいかず、やる気を失いかけていた数多くの学習者が私たちの目の前にいたからです。日本や日本文化が大好きで、日本語で見たいもの、読みたいもの、聞きたいもの、書きたいもの、知りたいこと、表現したいことが多くあるのに、うまくできず苦しんでいた彼らの手伝いが微力ながらもできたらという思いがすべての出発点でした。

　教材開発にあたって、まず重視したのは初級修了からのソフトランディングです。初級が終わったからと言って、学んだことがすべて完全に定着しているわけではありません。そのため、初級文法の中でも特に身につきにくい項目を復習しつつ学習が進められるようなセクションを設けたり、中級以降ますます重要になる漢字力を効率よく伸ばせるよう漢字学習に必要なストラテジーを取り上げたりして、学習のサポートができる工夫をしました。

構成の特長

　まず、課ごとに「読む」「書く」「話す」「聞く」のセクションを作りました。各課は「読む」から始まり、「読む」の読み物のトピックが「書く」の作文や「話す」の会話、「聞く」の聴解でも取り上げられたり、聴解には読み物の文型・表現が使われていたりするなど、セクション間に様々な形でつながりを持たせています。この意図は、**新しく学んだ文型・表現や語彙などに何度も触れさせることで言語面の上達を目指す**ことにあります。それに加えて、**同じ話題を異なるセクションで取り上げることで思考を深化させる**というねらいもあります。また、各セクションで扱う話題やタスクについて考えたことを日本語で表現できるよう、**すべてのセクションで意見が述べられる設問**を設けました。

　また、読むこと自体に苦手意識を持ちやすい非漢字圏の学習者を意識し、読み物の内容や難易度には特に配慮しました。『カルテットⅠ』（第 1 課〜第 6 課）の読み物はすべて書き下ろし、『カルテットⅡ』（第 7 課〜第 12 課）は第 8 課の読み物 1 を除くすべてが生教材です。読解全般に広く応用がきくストラテジーも取り上げ、学習者が効率よく、かつ「読む楽しさ」や「読める達成感」を得られるようにしました。

　『4 技能でひろがる中級日本語カルテット』が最終的に目指しているもの、それは**自分自身や自分の国、日本について自信を持って日本語で説明し、意見を述べ、自由に語れるようになる学習者**を一人でも多く育てることです。本書で効果的なインプットとアウトプットを繰り返した学習者が自ら語りはじめたくなるような言語運用能力をつけ、一歩一歩着実に中級から上級への階段を登っていくことを願っています。

2 『カルテット』シリーズの教材構成

『カルテット』シリーズは、次のような教材で構成されています。

■テキスト（紙書籍版・電子書籍版）
- テキストⅠ（第1課〜第6課）本冊・別冊
- テキストⅡ（第7課〜第12課）本冊・別冊

※音声はジャパンタイムズ出版の音声アプリ OTO Navi で提供中

https://bookclub.japantimes.co.jp/jp/book/b491839.html

■ワークブック（紙書籍版・電子書籍版）
- ワークブックⅠ（第1課〜第6課）
- ワークブックⅡ（第7課〜第12課）

■教師用ガイド（本書）

■教師用リソースパック（PDF）

印刷して学習者にそのまま配布できるクイズ（小テスト）やワークシートをはじめ、補助教材や解答集、テキスト文法解説の英文日本語訳などを、PDF で約 500 ページ分収録しています。

> **主なコンテンツ**
> - ●ワークシート
>   - ・漢字（読み・書き）　・単語・漢字　・漢字チャレンジ　・文型・表現ペアワーク
> - ●小テスト
>   - ・文法　・漢字（読み・読み書き）　・単語（三択・穴埋め）
> - ●読み物理解テストサンプル（第1課・第8課）
> - ●解説日本語訳
>   - ・文型・表現ノート　・読みのストラテジー　・初級文法チェック　・上級へのチャレンジ
> - ●読み物総ルビ版（第1課〜第6課）
> - ●解答（テキスト・ワークブック）

※ジャパンタイムズ出版デジタルストアで取り扱い中

https://store.jtpublishing.co.jp/pages/quartet

■カルテットオンライン（WEB）

https://quartet.japantimes.co.jp/

『カルテット』シリーズの紹介をはじめ、各国語版単語リストや索引、授業の活動で役立つパワーポイント、動画などを掲載したサイトです。

■アプリ（iOS / Android）
- QUARTET Vocab & Kanji（『カルテットⅠ』）
- QUARTET2 Vocab & Kanji（『カルテットⅡ』）

単語や漢字が学習できる著者制作のテキスト準拠アプリ。以下のコンテンツが含まれます。

> **単語**　単語辞書：　テキスト別冊の「覚える単語と例文」の単語と例文（音声付き）。
> 　　　　単語 Flash：　日→英または英→日で単語の意味を確認できます。ランダム表示や非表示設定可。

単語Q:		例文に入る正しい単語を選ぶ3択問題。読み物の「覚える単語」が扱われています。
漢字	漢字辞書:	課ごとの漢字と「漢字チャレンジ」の新出漢字を単漢字ごとに提出。読みのほか、アニメーションで書き順も見られます。
	漢字読みQ:	漢字語の読み方クイズ。フリック入力後、正解かどうかを確認します。
	漢字書きQ:	単漢字を指で書くクイズ。正答を薄く表示し、なぞって練習することも可能です。
その他	単語リスト:	あいうえお順に並んでおり、単語辞書や漢字辞書に飛ぶことができます。
	ふくしゅうQ:	15秒ごとに次々と単語Qが出題される、ゲーム性があるクイズです。

カルテットⅠ（第1課～第6課）

［テキスト］

音声

［ワークブック］

アプリ

［教師用ガイド］

カルテットⅡ（第7課～第12課）

［テキスト］

音声

［ワークブック］

アプリ

［教師用リソースパック］

［カルテットオンライン］

3 学習内容と目標

　『カルテットⅠ』はJLPT日本語能力試験N3レベル、『カルテットⅡ』はN2・N1レベルを中心に、各課で文型・表現、読みのストラテジー、漢字、単語を学びます。漢字は『初級日本語げんき』の学習漢字を既習として扱うなど、初級から中級へスムーズに移行できる内容となっています。2冊でCEFR（ヨーロッパ言語共通参照枠）のB1レベルの内容を学び、B2レベル入り口までの到達を目指します。

〈学習項目数〉

	カルテットⅠ（第1課〜第6課）	カルテットⅡ（第7課〜第12課）	合計
文型・表現	55項目	65項目	120項目
読みのストラテジー	10項目	10項目	20項目
漢字	327字	330字	657字
新出単語	約700語	約900語	約1,600語

〈各課の目標〉

カルテットⅠ			
第1課	読む	プロフィールや伝記を読んで、その人物についてわかる
	書く	人物紹介文が書ける
	話す	・これからお世話になる人に自己紹介ができる ・話が続けられる（雑談ができる）
	聞く	・美術館の情報を見ながら、会話を聞き、内容がわかる ・スピーチを聞き、店員へのあいさつが国によってどう違うかがわかる
第2課	読む	メールや手紙が書かれた目的がわかる
	書く	お世話になった人にお礼の手紙が書ける
	話す	・丁寧にお願いができる　・お礼が言える
	聞く	・桜の開花予想を見ながら、会話を聞き、内容がわかる ・スピーチを聞き、目上の人をほめる言い方が国によってどう違うかがわかる
第3課	読む	ガイドやコラムを読んで、必要な情報がわかる
	書く	ある場所の特徴についての説明文が書ける
	話す	・電話で予約の変更ができる ・店でメニューについて質問し、注文できる
	聞く	・富士登山ルートの情報を見ながら、会話を聞き、内容がわかる ・スピーチを聞き、並ぶことについての意識が国によってどう違うかがわかる
第4課	読む	・座談会の記事を読んで、出席者それぞれの意見がわかる ・報告書を読んで、筆者が経験したことがわかる
	書く	座談会で話したことをまとめられる
	話す	・悩みを話してアドバイスを求めることができる ・相手に合わせたおすすめが教えられる
	聞く	・アルバイトのマニュアルを見ながら会話を聞き、内容がわかる ・スピーチを聞き、長期休暇の取り方が国によってどう違うかがわかる
第5課	読む	・情報誌を読んで、和食の魅力がわかる ・料理のレシピを読んで、作り方の順序がわかる
	書く	家庭料理のレシピが書ける
	話す	・人を誘って、待ち合わせの約束ができる ・道を聞くことができる
	聞く	・レシピサイトを見ながら会話を聞き、内容がわかる ・スピーチを聞き、家を訪ねる際の約束の有無が国によって違うことがわかる

カルテットⅡ	第6課	📖 読む	・投書文を読んで、筆者の主張とその理由がわかる ・賛成と反対のそれぞれの主張とその理由がわかる
		✏️ 書く	身近な問題について投書文が書ける
		🗣 話す	・苦情が言える ・上手にあやまることができる
		🎧 聞く	・ゴミ分別表を見ながら会話を聞き、内容がわかる ・スピーチを聞き、注意する時の言い方が国によってどう違うかがわかる
	第7課	📖 読む	経験談を読んで、筆者がその経験から感じたことがわかる
		✏️ 書く	経験談が書ける
		🗣 話す	・言いづらいことを打ち明けることができる ・ディスカッションで建設的に意見が述べられる
		🎧 聞く	・カルチャーショックの図を見ながら説明を聞き、内容がわかる ・会話を聞き、多文化共生社会に大切な点がわかる
	第8課	📖 読む	プロへのインタビュー記事を読んで、そのインタビューの目的がわかる
		✏️ 書く	簡単なインタビュー記事が書ける
		🗣 話す	・忘れ物の問い合わせができる ・物の魅力が伝えられる
		🎧 聞く	・温泉旅行のプランを見ながら説明と会話を聞き、内容がわかる ・会話を聞き、温泉のタトゥー禁止問題についてわかる
	第9課	📖 読む	・小説を読んで、ストーリーや人物の気持ちがわかる ・エッセイを読んで、筆者が伝えたいメッセージがわかる
		✏️ 書く	おすすめ作品のレビューが書ける
		🗣 話す	・手助けの申し出ができる ・まとまった話ができる
		🎧 聞く	・ペットの殺処分の発表スライドを見ながら説明を聞き、内容がわかる ・会話を聞き、ペットビジネスの現状がわかる
	第10課	📖 読む	調査報告を読んで、その結果と分析内容がわかる
		✏️ 書く	データの説明と分析が書ける
		🗣 話す	・面接で丁寧に答えられる ・データを基にして提案ができる
		🎧 聞く	・世帯所得状況のグラフを見ながら講義を聞き、内容がわかる ・会話を聞き、教育格差の問題についてわかる
	第11課	📖 読む	論説文を読んで、筆者の考えがわかる
		✏️ 書く	言葉についての気づきと考察が書ける
		🗣 話す	・難しいお願いができる　・類義語の意味や使い方の違いが説明できる
		🎧 聞く	・言葉の変化の図表を見ながら講義を聞き、内容がわかる ・会話を聞き、SNSと対面コミュニケーションの違いや問題点についてわかる
	第12課	📖 読む	・ビジネス書を読んで、その経営哲学がわかる ・寓話を含んだ文章を読んで、筆者の主張がわかる
		✏️ 書く	小論文が書ける
		🗣 話す	・別れの時に感謝の気持ちが伝えられる ・ディベートができる
		🎧 聞く	・企業が求める人材のグラフを見ながら講演を聞き、内容がわかる ・会話を聞き、グローバル人材に求められる能力についてわかる

4 授業時間の目安

　『カルテットⅠ』と『カルテットⅡ』を修了するまでに必要な時間は、それぞれ約100時間（2冊合計約200時間）を想定しています。教育機関により授業時間数も授業1コマ当たりの時間も異なりますが、ここでは1コマ60分＝1時間とし、約100時間（1課あたり16時間）と約70時間（1課あたり11時間）のスケジュール例を紹介します（いずれの場合も、各セクションの比率を変える、会話・聴解・読み物を1つだけにする、ブラッシュアップセクションを自習にするなど、教育機関のニーズや授業時間数、コース内容に合わせて調整可能です）。

　この例では、1課ごとに扱う4技能とブラッシュアップの内容を次のように分け、授業時間に合わせて組み合わせています。『カルテット』は「読む」を中心にしており、その中で文型・表現や漢字・語彙なども扱うため、『カルテットⅠ』『カルテットⅡ』ともに「読む」の時間を多くとっています。何を扱うか扱わないかなどの詳細については「第3章：各課の指導ポイント」をご覧ください。

📖 読む
- 読み物1
- 読み物2
- 読みのストラテジー
- 文型・表現ノート（基本）
- 文型・表現ノート（まとめ）

✍ 書く
- モデル作文＆タスク
- 作文フィードバック＆シェア

💬 話す
- 会話1
- 会話2

👂 聞く
- 聴解1
- 聴解2

ブラッシュアップ
- 初級文法チェック（『カルテットⅠ』）
- 上級へのチャレンジ（『カルテットⅡ』）
- 漢字チャレンジ

　「書く」では、「モデル作文＆タスク」と「作文フィードバック＆シェア」の2コマの間に、宿題として作文を書いてきてもらいます。そのため、「書く」は、次のページにある「授業時間が多い場合の例」のように、2つのコマの間に別のセクションの授業が入っても問題ありませんが、「読む」や「話す」はできるだけ連続で行うことをおすすめします。

① 『カルテットⅠ』（第1課〜第6課）の授業時間

1課あたり11時間の場合、16時間の場合と比べて、「読む」「話す」「聞く」がそれぞれ短くなっており、「ブラッシュアップ」はすべて省略されています。学習者の負担を考慮しつつ、宿題にできるところは宿題としたり、全く扱わないことにしたりして対応してください。

▶ 授業時間数が多い場合の例
- 修了まで約100時間　・1課あたり約16時間（60分×1日1コマ×16日分）

〈時間配分〉

📖 読む	✏️ 書く	💬 話す	👂 聞く	ブラッシュアップ
8時間	2時間	3時間	1時間	2時間

〈スケジュール例〉

○月1日（月）	○月2日（火）	○月3日（水）	○月4日（木）	○月5日（金）
文型・表現ノート（基本）	文型・表現ノート（基本）	読みのストラテジー 読み物1	読み物1	文型・表現ノート（まとめ）
○月8日（月）	○月9日（火）	○月10日（水）	○月11日（木）	○月12日（金）
会話1	会話1 聴解1	読み物2	読み物2	読み物2
○月15日（月）	○月16日（火）	○月17日（水）	○月18日（木）	○月19日（金）
モデル作文&タスク	会話2	会話2 聴解2	作文フィードバック&シェア	ブラッシュアップ：初級文法チェック
○月22日（月）	○月23日（火）	○月24日（水）	○月25日（木）	○月26日（金）
ブラッシュアップ：漢字チャレンジ				

▶ 授業時間数が少ない場合の例
- 修了まで約70時間　・1課あたり約11時間（60分×1日1コマ×11日分）

〈時間配分〉

📖 読む	✏️ 書く	💬 話す	👂 聞く	ブラッシュアップ
7時間	2時間	1.5時間	0.5時間	0時間

〈スケジュール例〉

○月1日（月）	○月2日（火）	○月3日（水）	○月4日（木）	○月5日（金）
文型・表現ノート（基本）		文型・表現ノート（基本）		読み物1
○月8日（月）	○月9日（火）	○月10日（水）	○月11日（木）	○月12日（金）
読み物1		会話1		会話1 聴解1
○月15日（月）	○月16日（火）	○月17日（水）	○月18日（木）	○月19日（金）
読み物2		読み物2		文型・表現ノート（まとめ）
○月22日（月）	○月23日（火）	○月24日（水）	○月25日（木）	○月26日（金）
モデル作文&タスク		作文フィードバック&シェア		

② 『カルテットⅡ』（第7課〜第12課）の授業時間

　『カルテットⅡ』では、読み物が生教材になり、長くなっているため、読解に時間がかかります。そのため、『カルテットⅠ』と比較すると、「読む」の時間数が16時間の場合は0.5時間、11時間の場合は0.25時間増えており、その分「話す」や「聞く」の時間数が減っています。

▶ 授業時間数が多い場合の例

・ 修了まで約100時間　・ 1課あたり約16時間（60分× 1日1コマ× 16日分）

〈時間配分〉

📖読む	📝書く	💬話す	👂聞く	ブラッシュアップ
8.5 時間	2 時間	2.75 時間	0.75 時間	2 時間

〈スケジュール例〉

○月1日（月）	○月2日（火）	○月3日（水）	○月4日（木）	○月5日（金）
文型・表現ノート（基本）	文型・表現ノート（基本）	読みのストラテジー 読み物1	読み物1	読み物1 聴解2
○月8日（月）	○月9日（火）	○月10日（水）	○月11日（木）	○月12日（金）
文型・表現ノート（まとめ）	会話1	読み物2	読み物2	読み物2
○月15日（月）	○月16日（火）	○月17日（水）	○月18日（木）	○月19日（金）
モデル作文＆タスク	会話2	会話2 聴解2	作文フィードバック＆シェア	ブラッシュアップ：初級文法チェック
○月22日（月）	○月23日（火）	○月24日（水）	○月25日（木）	○月26日（金）
ブラッシュアップ：漢字チャレンジ				

▶ 授業時間数が少ない場合の例

・ 修了まで約70時間　・ 1課あたり約11時間（60分× 1日1コマ× 11日分）

〈時間配分〉

📖読む	📝書く	💬話す	👂聞く	ブラッシュアップ
7.25 時間	2 時間	1.5 時間	0.25 時間	0 時間

〈スケジュール例〉

○月1日（月）	○月2日（火）	○月3日（水）	○月4日（木）	○月5日（金）
文型・表現ノート（基本）		文型・表現ノート（基本）		読み物1
○月8日（月）	○月9日（火）	○月10日（水）	○月11日（木）	○月12日（金）
読み物1 聴解1		会話1		会話1 読み物2
○月15日（月）	○月16日（火）	○月17日（水）	○月18日（木）	○月19日（金）
読み物2		読み物2		文型・表現ノート（まとめ）
○月22日（月）	○月23日（火）	○月24日（水）	○月25日（木）	○月26日（金）
モデル作文 タスク		作文フィードバック＆シェア		

③ 授業時間調整のヒント

　『カルテットⅠ』『カルテットⅡ』ともに、上記の 11 時間の例よりもさらに削減したい場合は、下記のように一部を宿題にしたり、活動自体を省略したりしてください。ただ、読み物には新出単語や漢字、文型・表現が含まれているため、「読む」はできる限り省略しないようにしてください。4 技能・ブラッシュアップごとに、授業時間を調整する例を以下に挙げます。

読む
- 「文型・表現ノート」の☆マークがないもの（理解のみを求めるもの）は、テキストを自分で読ませて、ワークブックの「**B** まとめの練習」を宿題にする。間違いが多い文型・表現のみ、授業で扱う。
- ☆マークがある文型・表現（産出を求めるもの）はワークブックの「**A** 基本練習」を宿題とし、間違いが多い文型・表現のみ、授業で扱う。
- 「読みのストラテジー」はテキストを自分で読ませて、ワークブックの「**B** 読みのストラテジー」を宿題にする。間違いが多いもののみ、授業で扱う。
- 文型・表現が少ない読み物（読み物 2 の場合が多い）を 1 つ省略する。

書く
- テキストの説明を自分で読ませて、作文も宿題にする。
- 作文フィードバックを教室外で行う。
- 作文のシェアはウェブ上の学習管理システム（LMS）などを利用し、教室外で行う。

話す
- 事前準備の「やってみよう」を宿題にする。話し合いをさせたい場合は、ウェブ上の学習管理システム（LMS）を利用する。
- 「やってみよう」のロールプレイを省略したり、「聞いてみよう」を宿題にしたりする。
- 「練習しよう」の状況を 1 つだけ選んで練習する。
- クラス全体での発表はせず、録音したものに対して後日フィードバックする。

聞く
- 宿題にする。話し合いをさせたい場合は、ウェブ上の学習管理システム（LMS）を利用する。

ブラッシュアップ
- 宿題にする。

　時間に余裕があり、プロジェクトなどの発展活動をする場合は、「第 3 章：各課の指導ポイント」を参考にしてください。

第2章

『カルテット』を使った
中級指導のヒント

1 レベル移行時のポイント

ここでは、初級修了から『カルテットⅠ』へ、また、『カルテットⅡ』修了から上級へ移行する際に教師が知っておくべきことについて、Q&A形式でお答えします。

■初級修了から『カルテットⅠ』へ移行するときのポイント

Q1 初級教科書と『カルテット』では、どのような点が違いますか。

A1 『カルテット』では「読む」ことを重視し、各課が4技能の中の「読む」から始まっているという点が、初級教科書とは大きく異なります。初級教科書は文法の理解や会話練習が中心となっており、「読む」ことは付属的な位置づけになっていることが多いです。一方、『カルテット』では「読む」ことを通じて読解力や語彙力、表現力を伸ばすことを目標としています。

Q2 中級に入るために、どのような心構えが必要ですか。

A2 初級では教師が学習者を手取り足取り指導する場面が多いですが、中級、特に「読む」から始まる『カルテット』では、何より学習者の**予習**が大切です。教師が読み物の内容をやさしくかみ砕いて説明しては意味がないので、この点を強く学習者に意識させるようにしてください。授業では、予習段階での理解が正しかったかどうかを確認し、アウトプットの時間を最大限確保すると効率よく学べます。

Q3 『カルテット』の読み物には、どんな特徴がありますか。

A3 初級では一文の文字数が少なく、全体の長さも比較的短い読み物が多いですが、『カルテット』では一文が長くて複文も多く、「です・ます体」だけではなく「だ体」で書かれたものや**縦書き**のものも増えます。扱うトピックは多くの学習者が興味を持っている日本文化や社会に関するもので、かつ、**難易度は徐々に上がっていく**ため、学習者がモチベーションを維持しながら、無理なく読める達成感や喜びを味わえるようになっています。

Q4 「読む」を効果的に学習するためには、どのように予習すればよいですか。

A4 例えば、**準拠アプリ**を利用し、読み物に出てくる新出単語や漢字を認識できるようにした後で、クイズなどで学習者の理解を確認させてください。読み物は授業の前に学習者に読ませ、**ワークブック**を宿題にして質問に答えさせてくることを推奨します（第3章参照）。授業では学習者に読み物のどの箇所がなぜ理解できていなかったのかを気づかせるようにすると効果的です。

Q5 初級と比べると数が増える単語や漢字の学習は、どうすればよいですか。

A5 一度に完全に覚えさせるのではなく、繰り返し目に触れるようにしたり、使わせるようにしたりして、学習者の不安を軽減しながら徐々に習得を促してください。中級では母語での意味や用法が1対1対応でないものも多くなり、**文脈の中で正しいニュアンスを理解**できるようになることが必要です。逐語訳だけでなく、読み物や例文の中で使い方や意味を理解させるようにするとよいでしょう。

Q6 新出単語や漢字は、すべて覚える必要がありますか。

A6 中級では理解語彙（理解できればいいもの）と使用語彙の数の開きが大きくなり、話し言葉と書き言葉の違いも意識させる必要があるため、『カルテット』で覚えるべき単語はテキスト別冊に「覚える単語と例文」としてまとめてあります。例文の中で、意味だけでなく使い方も意識させて

ください。漢字語も同様に、**読みだけでいい単語**と**読み書き**両方を求める単語があります。初級のようにすべての単語や漢字を同じように扱うのではなく、メリハリをつけた学習をするよう指導してください。

Q7 文法の教え方は、初級と違いますか。

A7 初級では、基本的な文法項目を提示し用法の説明をした後、異なるキューを次々と与えるドリル練習に時間を割きます。一方『カルテット』では、**産出まで求めるもの**と**理解できればよいもの**があり、前者では短文作成やQ&A練習を主眼に置くこと、後者では文脈の中でその文型・表現が持つ適切な用法がわかることが大切です。また、初級で学んだ文法項目との共通点や相違点、ニュアンスの違いを整理し、正しい理解に導いてください。『カルテット』では様々な例文を提示し、用法を解説しています。例文と解説を照らし合わせながら、用法やニュアンスを理解させるようにしてください。

Q8 初級の文法項目や単語・漢字が定着していないのですが、どうすればよいですか。

A8 ブラッシュアップセクション「初級文法チェック」と「漢字チャレンジ」を、初級教科書からのつなぎ・復習として利用してください。学習者自身にまず、何がきちんと理解できていないのか気づかせることが重要です。次に復習として、扱った文法項目、単語、漢字ができるだけ多く使えるようなトピック（例：「思い出の旅行」）を与え、作文を書かせて正しく理解できているかを確認してください。肝要な点は**アウトプットにつなげること**です。

Q9 漢字圏の学習者と非漢字圏の学習者が混在しているのですが、どうすればよいですか。

A9 初級と比べると、『カルテット』では読み物に漢字語が含まれる割合が高くなるので、漢字圏の学習者が優位であるように思われます。しかし漢字圏の学習者は、漢字語から全体の意味を類推しがちで内容把握が正しくできていなかったり、漢字を読み間違えたりするケースも多く見られます。漢字圏・非漢字圏の学習者が混在しているメリットを活かし、一緒に**読み物を音読する**、**理解を確認し合う**というような活動を授業中にさせるとよいでしょう。

Q10 クラス内のレベル差が大きいのですが、どうすればよいですか。

A10 ペアワークを積極的に取り入れてください。初級とは異なり中級になると、学習者ができることが増えてきます。自分が正しく理解できていることを日本語で相手に説明することが、いいチャレンジになります。授業についてくるのが難しい学習者には説明時に限って母語の使用を許可してもよいでしょう。ペアワークで「わかる」「できる」を増やし、自信を持てるようにすることが必要です。

■『カルテットⅡ』修了から上級へ移行するときのポイント

Q1 『カルテットⅡ』とその後の上級レベルは、どのように違いますか。

A1 『カルテット』では、読み物の内容質問、文型・表現の解説、モデル作文、会話の枠組みモデルなど、**学習者の理解を促す仕掛け**が数多くあります。一方、上級レベルになるとそのような仕掛けなしで読み物を理解したり、文型・表現を習得したり、作文を書いたり、会話を展開したりすることが求められます。『カルテット』を通じて学んだ読み物の読み方、文型・表現の学び方、作文や会話の展開の仕方を活用し、自律的に学習を進められるようサポートしてください。

Q2 上級レベルでは、どのような読み物を扱えばよいですか。

A2 『カルテットⅡ』では、上級で必要とされる、**筆者の姿勢や視点が出ている現代の問題について**の記事や報告、現代文学などを扱っています。比較的学習者になじみのある話題で筆者の主張が読み取りやすいものが中心なので、上級ではより専門的な話題や、文脈から筆者の主張や姿勢を読み取らなければならないものを扱い、理解力を養うとよいでしょう。そのためには、文と文の相互関係、文末表現や語彙、比喩を正しく理解することが求められます。『カルテット』で訓練した**スキルを統合的に活用**し、筆者の意図、態度、姿勢を読み取る練習を繰り返し行ってください。

Q3 上級レベルの作文では、どのような練習を行えばよいですか。

A3 『カルテットⅡ』では 600 字程度の 4 段落構成の作文タスクが中心ですが、上級では**アカデミック**な論文やレポートを書くことが求められます。また、資料や文献を引用する必要がありますが、引用した情報を要約せずそのまま持ってきてしまうことがあります。そのようなことを避けるために、短い記事を読んで、記事のポイントを確認し、要約する練習を行うとよいでしょう。

Q4 上級レベルで口頭能力を伸ばすためには、どうしたらよいですか。

A4 上級では、議論に積極的に参加し、自分の意見を説明することが求められます。建設的な議論をするためには、それまでに出た意見に対して自分がどう考えるかを根拠とともに示す必要があります。『カルテットⅡ』で学んだ**ディスカッションやディベートの表現を応用**し、議論の時には常に他の人の意見を要約して引用し、それに対する自分の意見とその根拠を述べるように促してください。

Q5 上級レベルの聴解では、どのような練習をすればよいですか。

A5 『カルテットⅡ』には 2 分程度の短い講義を聞く活動があります。上級ではさらに**長い会話や講義、流れが複雑な議論**を聞き取ることが求められるため、テレビやネットのニュースや時事問題を扱った番組、大学で実際の講義を録画したものなどを扱うとよいでしょう。時事問題や社会問題の理解に必要な語彙力が十分に備わっていないうちは、視覚情報の助けがあるニュース番組などの動画を見せ、慣れてきたら、ポッドキャストなど耳からの情報しかない聴解練習を行うのもよいでしょう。聴解が苦手な学習者には○×問題や内容質問、得意な学習者にはノートテイキングをさせるなど、学習者の聴解能力に合わせてタスク難易度を調整するようにしましょう。

Q6 上級レベルの単語や漢字の練習は、どうすればよいですか。

A6 読むことができなければ、デバイスに入力したりする際の漢字変換が難しくなるので、最低でも読めるようにしておくことが大切です。『カルテット』には学習すべき単語や漢字のリストがありますが、上級では自分自身でリストの幅を広げていくことが求められます。知らない単語や漢字に遭遇した場合はすぐに調べ、メモをとる習慣を付けさせてください。また、似た意味を持つ言葉で使い方がよくわかっていないものについては、意味だけでなく、『カルテットⅡ』第 11 課会話 2 のように、どのような文脈で使えばよいのかや、よく一緒に使われる言葉などを整理し、例**文を分析**させるとよいです。授業でコロケーションを扱うのも一案です。日本語能力試験の N2 や N1 合格を目標としてもよいでしょう。漢字が苦手な学習者には、「漢字チャレンジ」を繰り返し練習することをおすすめします。

❷ 全課に共通する教え方

『カルテット』は各課にある4技能別セクションの**読む・書く・話す・聞く**と、巻末にあるブラッシュアップセクションの初級文法チェック（『カルテットⅠ』）、上級へのチャレンジ（『カルテットⅡ』）、漢字チャレンジで構成されています。ここでは全課に共通する教え方をご紹介します。

※文中では、カルテットシリーズの教材を次のように略して説明しています。

[WB] ワークブック　[RP] 教師用リソースパック　[QO] カルテットオンライン　[AP] 準拠アプリ

 読む

　読むでは各課2つずつある読み物（**読み物1・読み物2**）の読解活動を中心に進め、新出の文型・表現、単語、漢字を学びます。ここでは、以下の6つの項目に分けて説明します。

1 文型・表現ノート　基本

　新出の文型・表現を、[WB]の**文型・表現ワーク Ａ基本練習**を用いて確認します。

2 読みのストラテジー

　読み物を理解するのに役立つストラテジーを確認します。

3 読み物

　前作業でスキーマ活性のディスカッションをした後、精読に移り、文の構造、文と文のつながり、段落のまとまり、文章全体の要旨を理解できるようにします。後作業としてトピックに関連したディスカッションを行い、読解で得た知識や気づきをアウトプットに発展させます。

4 文型・表現ノート　まとめ

　1つ目の読み物が終わった後、[WB]の**文型・表現ワーク Ｂまとめの練習**と**文型・表現ワーク Ｃ口頭練習**を用いて、再度、文型・表現の確認を行います。

5 新出単語の学習

6 新出漢字の学習

　単語と漢字は基本的に自習させます。教室では読解前のクイズで予習を促し、精読中の音読や内容確認、読解後のディスカッションや練習で定着を図ります。

1 文型・表現ノート　基本

　読解活動に入る前に、その課の新出文型・表現を学習する。（『カルテットⅡ』では、学習者に文脈から意味を取れる力があれば、読解活動に入った後に導入してもかまわない。）

　テキストの**文型・表現ノート**を読ませ、予習させておくのが望ましい。テキストの例文は、中級の学習者にもわかりやすいように作成されている。例文を照らし合わせながら解説を読み、その文型・表現の意味だけでなく、使われる文脈、共起する表現、接続する形など、その文型・表現の使い方に注目するように促すとよい。また、文型・表現の中には**読み物**本文の用法に限定して説明しているものがある。これは、用法を限定することで、誤用を避け、正しい文の産出に導くためである。第8課「〜ない限り」のように用法が限定されている文型・表現については、テキストの説明や例文を見て、どのような用法が説明されているかを確認するようにしてほしい。なお[RP]には文型・表現ノート日本語訳もある。

　予習の確認には[RP]の**小テスト：文法予習確認**が活用できる。または、[WB]の**文型・表現ワーク Ａ基本練習**（☆が付いた項目の練習問題）を予習させ、授業で確認してもよい。☆のない項目については、例文を読ませて意味を確認したり、その文型・表現を使った簡単なQ&Aをしたりする。

2 読みのストラテジー

その課で扱うストラテジーを学習する。テキストの例文や説明を読ませ、内容を確認する。例文の説明は英語で書かれているので、その内容を日本語で、質問形式にして確認してもよい。授業時間が限られる場合は予習させてもよい。

ページ下にある🖊問題のうち、そこだけ読んで答えられるものはその場で確認する。読み物の文章全体を読む必要がある場合は、授業の中で読み進めながら確認する。『カルテットⅠ』は読む前に確認できるものが多いが、『カルテットⅡ』は、⑲小見出し以外は読解授業の中で確認したほうがよい。

以下にあるとおり、ほとんどのストラテジーが読み物1・2のどちらにも関連しているため、読解活動に入る前にその課で扱うストラテジーをまとめて確認することを推奨する。

『カルテットⅠ』	関連する読み物	『カルテットⅡ』	関連する読み物
① 名詞修飾	第1課 読み物1・2	⑪ 省略された言葉	第7課 読み物1・2
② 指示詞	第1課 読み物1・2	⑫ インタビューの質問に対する答え	第8課 読み物1・2
③ 手紙やメールの本題	第2課 読み物1・2	⑬ 何を説明している例か	第8課 読み物1・2
④ お願いやお礼の表現	第2課 読み物1・2	⑭ 「たとえ」を使った表現	第9課 読み物1・2
⑤ 段落の要旨を表す文	第3課 読み物1・2	⑮ タイトルから読み取れるメッセージ	第9課 読み物1・2
⑥ 強調構文「XのはYだ」	第4課 読み物1	⑯ データの説明	第10課 読み物1・2
⑦ 動詞の形と動作主	第4課 読み物2	⑰ 調査結果のグラフ	第10課 読み物2
⑧ 順番を表す副詞・接続詞	第5課 読み物1・2	⑱ キーワード	第11課 読み物1・2
⑨ 意見を述べる時の表現	第6課 読み物1	⑲ 小見出し	第12課 読み物1
⑩ 列挙の表現	第6課 読み物2	⑳ 隠喩	第12課 読み物2

3 読み物1・読み物2

(1) 新出単語の学習

読解活動をスムーズに進めるうえで単語の知識は重要である。別冊の**単語リスト**にある**覚える単語**を事前に覚えさせておくのが望ましい。読解前に**覚える単語**と例文を用いた簡単な単語クイズを行うとよい。RP には、3択と穴埋めの2種類の**クイズ**がある。

(2)「読む前に」の話し合い

読み物のトピックに関する既有知識や関連する経験を学習者間で共有し、スキーマを活性化させる。**読む前に**の質問について、ペア・グループで話し合いを行う。その場で自分の考えを言語化するのが難しい学習者が多い場合は、宿題として自分の答えを準備させてもよい。また、学習者の特性や学習環境によって答えにくい質問がある場合は、適宜学習者に合わせた質問に変える。

(3) 予習

読解授業の前に WB の**読み物ワーク**を予習させるのが望ましい。また、読解授業で音読ができるように、あらかじめ漢字の読みを**単語リスト**や**読み物本文**の**音声**で確認し、練習しておくよう指示する。

(4) 授業での読解（精読）

まず、読み物全体の概要を確認するため、WB の**読み物ワーク**🅰**○×チェック**の答えを確認する。○の場合はその情報が本文のどこに書いてあるのか、×の場合は、なぜ×なのか、それが本文のどこからわかるかを説明させるとよい。その後、**読み物ワーク**🅱**読みのストラテジー**の答えを確認する。

ここで間違いが多かった質問は、読み物本文の精読をした時に再度確認する。

次に、**読み物**本文の精読に入る。1～2段落ずつ適当な箇所で区切って音読させ、その箇所の内容確認を行う。**WB**の**読み物ワークⒸ内容質問**の確認に加えて、名詞修飾などの文構造や、受身形などの動詞の形を確認する質問、語句の意味を確認する質問、理由や原因を問う質問、要点を確認する質問、文章を理解するのに必要な背景知識を確認する質問、文の意味や段落の要旨を確認する質問など、様々な質問をおり交ぜて内容を確認していく。その場で答えるのが難しい場合は、ペアやグループで考える時間を設けるのも一案。ただ、内容の確認だけでは授業が単調になりがちなので、学習者の意見や経験、自国の状況を説明させるなど、学習者が文章をもとに自由に話せる時間を設けるとよい。その際、「この読み物によると、日本では……そうですが、……」などと前置きをして、**読み物**とは異なる見解や解釈も可能であることを意識させるようにする。そうすることで、**読み物**の内容や筆者の考えを批判的にとらえ、学習者が自分なりの意見を持つように促すことができる。

（5）読んだ後で

読解のインプットを通して得た言語知識や社会・文化的な知識を用いて自分の考えを説明し、アウトプットにつなげる。まず、指定されたキーワードを使って読み物の内容を自分の言葉で説明させる。その後、**読み物**の内容を踏まえて自分の経験や意見を共有しながら話し合う。読解で学んだことを生かして話し合いが進められるように、**読み物**の新出単語や表現の中から話し合いに役立つものを選んでリストを作り、それを見ながら自分の意見を言わせてもよい。**読む前に**と同様、適宜質問を変えたり、その場で答えるのが難しい場合はあらかじめ考えさせたりするなど、学習者に合わせて対応する。

4 文型・表現ノート　まとめ

WBの**文型・表現ワークⒷまとめの練習**、**Ⓒ口頭練習**（『カルテットⅠ』のみ）を用い、その課の文型・表現をまとめて確認する。読解活動が続かないように、読み物1と読み物2の間で行うとよい。**文型・表現ワークⒷまとめの練習**を予習させておき、授業で確認するのが望ましい。この段階で、**RP**の**小テスト：文法予習確認**を使って復習してもよい。

文型・表現ワークⒷまとめの練習の最後にある文型・表現を使った作文練習で、学習者がその文型・表現のポイントが理解できているかを見ることができる。誤用があった場合は、その文型・表現のニュアンスや使い方を再度確認し、よく使われるパターンを提示するなどのフィードバックが有効である。いい作文があれば、授業内で発表させたり学習管理システム（LMS）で共有したりしてもよい。

『カルテットⅠ』では、その後に**文型・表現ワークⒸ口頭練習**でその課の文型を使って質問に答える練習を行う。ペアやグループで練習してもよいし、日本語話者をビジターとして教室に招き、ビジターが質問して学習者が答えるといった練習をすることもできる。**RP**にある**ワークシート：文型・表現ペアワーク**（質問の番号と使うべき文型のみが書かれている）を使用すれば、質問者が読み上げた番号と質問を回答者が聞き取り、シートに書かれた文型を使って答える、という応用練習も可能。なお、『カルテットⅡ』は書き言葉や改まった表現が多くなるため、日常会話を想定した**Ⓒ口頭練習**はない。

5 新出単語の学習

『カルテット』では『初級日本語げんき』の学習単語を初級の既習単語として扱い、**読み物**に出てくる新出単語をすべて**単語リスト**として別冊に掲載している。新出単語のうち使用頻度が高いもの、読み物を理解するうえで重要な単語を、**覚える単語**として各**読み物**に20個程度取り上げ、**覚える単語と例文**として音声付きでまとめてある。使い方や意味を例文の中で覚えるように促すとよい。

単語の学習は基本的に自習で進める。まず授業の前に、意味のわからない単語は単語リストや辞書を使って調べておくよう指示する。**覚える単語**については、読解授業の前の段階ではまず理解語彙とする

ことを目指す。目だけでなく耳から覚えたい学習者は**覚える単語と例文**の音声を利用するとよい。なお、AP にはテキストの例文に加えて例文がもう一つとその音声が収録されており、フラッシュカードやクイズもあるため、効率よく学習できる。

　読解授業の後の段階では、**覚える単語**を使用語彙とすることを目指す。教室では、**読んだ後**でのディスカッションで**覚える単語**を使うよう促すとよい。また、**覚える単語と例文**でその単語がよく使われる文脈や助詞の使い方を確認した後、学習者に文を作らせるのもよい。

6　新出漢字の学習

　『げんき』の学習漢字を初級の既習漢字として扱い、**読み物**に出てくる新出漢字のうち使用頻度の高い漢字を学習漢字としている。読解授業で精読をする時に音読をさせる、RP にある**ワークシート：漢字読み**を用いるなどして、学習漢字（◇**読みだけ**および◆**読み書き両方**）の読みをすべて確認する。◆**読み書き両方**の漢字の書きは読み物が終わって読みが定着してから練習する。学習者のニーズにもよるが、『カルテットⅠ』は基本的な漢字が多く含まれているため手書きでの練習を推奨する。AP の例文付き漢字書きクイズを使うと、文脈の中で練習できる。また、RP の**ワークシート：漢字書き練習**も活用できる。その他、学習漢字を使った文を教師が読み上げて学習者は漢字を使ってその文を書き取るといった発展活動も可能。漢字の形を認識するのが難しい学習者には、AP の漢字辞書や漢字の書き順サイトなどで、大きな字で書き順とともに確認するよう指示する。

　書くでは、読み物に関連したテーマで短い文章を書きます。中級レベルでは、複数の段落で構成された文章を書くことが求められます。モデル作文で、段落構成、段落のつながり、作文に役立つ表現を確認してから、アウトラインを作り、実際に書く作業に移ります。人物や場所の紹介文、体験談、座談会やインタビューの記事、データ分析、小論文など、様々な種類の文章を書かせることで、中級レベルに必要な文章作成能力を育成します。

1　準備活動と書く活動

（1）モデル作文

　まず、**モデル作文**を読ませる。各段落に何が書いてあるかを学習者に質問し、内容と構成の確認をするとよい。『カルテットⅠ』では**モデル作文**の右側の赤い文字、『カルテットⅡ』では右側の青い文字と**段落構成**に、各段落の役割が示されている。内容を確認する際には、**タスク**の**書く前**の質問を応用することもできる。

▶ **段落構成**（『カルテットⅡ』のみ）

　『カルテットⅡ』には段落構成を示した表があり、段落の役割、内容、段落構成にかかわる書くポイントがまとめられている。**モデル作文**と照らし合わせながら確認する。

▶ **書くポイント**

　文章を書く時に便利な表現が紹介されている。『カルテットⅠ』では、**読みのストラテジー**に関連のあるものが多い。読解に役立つ表現や構成は、読みやすい文章を書く時のポイントにもなるということを意識させるとよい。『カルテットⅡ』では、構成にかかわるものが多い。**モデル作文**と**段落構成**を見ながら、わかりやすく文章を構成するための表現を確認する。

(2) タスク

▶ 書く前に

作文の構成に沿った質問が提示されている。この質問でブレインストーミングをすることで、作文の内容、構成に沿ってアイディアを展開していくことができる。教室で行う場合は、ペアやグループで話し合うことでアイディアが広がる。話し合った後に、QO／RP にあるワークシート：「書く」作文のアウトライン（作文の構成を表にしたもの）を使ってアウトラインを作成する。

▶ 書いてみよう

作文の題、字数、使うべき表現、文体などが指定されている。文体が指定されていない場合はモデル作文の文体に合わせるように指示する。書くスピードが学習者によって違うため、作文はすべて宿題にするか、授業中に書き始め、書き終わらない場合は宿題にするなど、学習者に合ったペースで書けるようにする。書き終わってから、提出する前に間違いがないか一度読み直しをさせるとよい。

2 フィードバック

文法、表現、単語、漢字の正確性、内容、構成、全体のまとまりの面からフィードバックを行う。間違いは、教師がすべて直してもよいし、下線を引くなどして学習者に修正させるのもよい。わかりにくい表現や、構成や内容に改善が必要なところは、印やコメントを付けておく。授業内で修正させる場合はフィードバックを書き入れた作文を返却し、フィードバックを見ても修正ができない場合や疑問がある場合は直接話して解決するようにする。授業外で修正させる場合は、フィードバックを入れた作文を授業で返却しておき、その後授業外で一人ずつ面談するか、希望者のみ面談を行う。

フィードバック後には書き直しをさせるのが望ましい。間違えたところだけでなく、文章全体の内容や構成も振り返らせる。書き直しの後は、ペアでお互いの作文を読み合う、ウェブ上の学習管理システム（LMS）を使用していればディスカッションボードに投稿させるなどして、書いたものを共有し、コメントし合うと、互いに学び合う機会になる。また、作文の内容によっては口頭発表にもできる。

 話す

> 話すには会話が各課2つずつ（会話1・会話2）あり、次の2つのタイプに分けることができます。

1 機能に着目した会話

『カルテットⅠ』の会話1・2と『カルテットⅡ』の会話1は機能に着目した会話で、フローチャートと会話パターンを使って練習を行う。モデル会話は日本に留学している学習者を想定して作成されている。留学中に遭遇しそうな状況の会話の中に、留学希望の学習者や留学中の学習者が覚えておくと便利な機能や表現がちりばめられている。

(1) やってみよう

会話を練習する前に、まず同じ状況のロールプレイをさせてみて、この時点でどの程度そのロールプレイで求められるタスクができるか学習者自身に把握させる。ただ、学習者は「先生にお願いする」などの漠然としたタスクを突然与えられても何について話せばよいか思い浮かばないことがある。そのため、学習者はまずやってみようの「状況設定のための質問」に答え、自分の経験について思い出し、その会話の文脈で自分ならどのようなことを話すかをあらかじめ考える。『カルテットⅠ』ではこのように、モデル会話の状況を自分に引き寄せて自分ならどのようなことを言うか、話す内容を考えた後ロールプレイをしてみる。一方、『カルテットⅡ』では、これから練習する会話と同じような経験

をしたことがあるかについて自分の経験を振り返る話し合いをした後、ロールプレイをする。

(2) 聞いてみよう

次に、**聞いてみよう**でモデル会話を聞く。内容質問に答えながら、会話の場面、状況、機能を把握する。聴解は2回行い、1回目で**質問1）**の内容確認を、2回目で**質問2）**の重要表現のディクテーションを扱い、その会話で覚えるべき表現を意識させる。

(3) ここにも注目

会話に出てきたよく使う表現や面接でのマナーなど、その場面で注意すべき点を確認する。

(4) モデル会話

モデル会話では、**聞いてみよう**の会話のスクリプトを文字で確認する。キーフレーズが太字になっているので、会話の中でどのように使われているか、音声を聞きながら目で確認したり、ペアで読んで確認したりするとよい。また、未習単語も提示してあるので、必要に応じて確認する。

(5) フローチャート

モデル会話から抽出された会話パターンを図式化したもの。**会話の骨組み**となる部分なので、ここで会話の流れと重要表現をしっかり確認する。

(6) 練習しよう

フローチャートの会話パターンを使って練習する。灰色の囲み内には空欄があり、ここに自分の情報を入れることで、会話をすることができる。囲みの下には、**モデル会話**とは違う状況の練習が提示されている。**モデル会話**は日本に留学している学習者に起こり得る状況設定が多いが、ここで提示されている状況は日本に限られていない。まずこの状況で囲み内の会話パターンを使って練習する。その後、(1) **やってみよう**で考えた学習者自身の情報で再度練習する。練習前と同じ情報で再度行うことで、学習者は何ができるようになったのか実感できるだけでなく、より身近な状況で練習できる。

また、『カルテットⅠ』では、会話がパートAとBに分かれている。それぞれを少しずつ確実に練習し、最後にA・B通して練習することで、積み上げるように長い会話を練習することができる。

(7) フォーマル・カジュアル

フォーマル、カジュアルどちらの状況も想定できる場合は、**モデル会話**とは異なるスピーチレベルの会話の枠組みを提示してある。時間に余裕がある場合は、こちらの会話も練習する。ここでも、ロールプレイでタスク達成度を確認した後、会話練習を行うという手順で進める。

(8) 「話す」のチェックシート

QO／RP に、ワークシート:「話す」のチェックがある。会話をした後、学習者自身にどの程度できたか振り返らせたり、口頭試験時のチェック項目として活用したりすることもできる。

2 スピーチやディスカッション

『カルテットⅡ』の会話2は、スピーチや独話やディスカッションになっている。基本的な流れは『カルテットⅠ』の会話1・2と『カルテットⅡ』の会話1と同じだが、**やってみよう**で調べたり、アイディアを考えたりするのに時間が必要なものがあるので、課によって時間を調整する。

スピーチの場合は、**練習しよう**で提示されている灰色の囲み内の空欄に自分が話したい情報を入れると完成するので、これをスピーチのスクリプトとして使用することができる。各自準備と練習の時間を取ってから小グループで発表をさせるとスムーズに発表が行える。時間があればグループメンバーを変えて複数回同じスピーチを行うと、スクリプトをあまり見ずに上手に発表できるようになる。

また、QO／RP にある**ワークシート:「話す」のチェック**は、スピーチの後、どの程度できたか学習者自身に振り返らせたり、口頭試験や発表時のチェック項目として活用したりすることもできる。

聞く

聞くも聴解が各課2つずつ（聴解1・聴解2）あり、4つのタイプに分けることができます。

1 『カルテットⅠ』聴解1：会話

図や表を見ながら会話を聞き、正答を選ぶ「聴読解」形式。日常のやり取りを聞き、資料を見て情報を探せるようになることを目指す。**聞く**と**読む**の技能を統合的に使わせるため、内容確認の問題は目と耳両方の情報を使わなければ答えられないようになっている。また、内容は実際の情報を使って作成されているので、学習者は日本事情を知ることもできる。まず新出単語と図を確認してから**聴解**に移ると、活動がスムーズに進められる。

2 『カルテットⅠ』聴解2：スピーチ

日本に留学中の学習者が日本で気づいたこと、疑問に思ったことなどについて話しているもので、異文化体験を聞いて、ディスカッションができるようになることを目指す。理解を確認する内容質問のほか、ディスカッションのための質問も準備されている。スピーチは実際に留学生が体験したことをもとに作成されている。内容は留学生の国と日本の文化差に関するものなので、学習者はスピーチと比較しながら自分の国の事情や自分の意見を話しやすくなっている。

聞く前にをペアで話した後、新出単語を確認してから**リスニング**に移る。ディスカッションの活動は聴解の内容に基づいており、内容を理解していなければディスカッションのポイントがずれてしまうので、内容をしっかり確認してから行う。

3 『カルテットⅡ』聴解1：講義

図や表を見ながら講義を聞く「聴読解」形式。新出単語と図表を確認してから**聴解**に移るとよい。

また、日本の大学や大学院への進学を目指す学習者のために、この**聴解**を使った応用練習として「協同的ノートテイキングアクティビティ」がある。この活動では学習者は、講義ノートを取りまとめる練習、講義ノートの内容を復習する方法を、練習を通して学ぶ。この活動を行う時は、QOにある説明のビデオを使って導入し、QOのパワーポイントとノートテイキング用紙を使用する。QOの説明ビデオを見れば大体の活動の流れがわかるが、手順の詳細が知りたい場合は、RPにあるワークシート：ノートテイキング活動の「協同的ノートテイキングアクティビティ」の説明を参照してほしい。

4 『カルテットⅡ』聴解2：会話

大学生同士が社会的なトピックについて話しているのを聞いて、自分の意見が言えることを目標にしている。自国の事情などを知らず、その場では話せない学習者や自分の考えを言語化するのが難しい学習者が多い場合は、**ディスカッション**のところを宿題にして意見を考えてこさせるのも一案。

温泉とタトゥー、ペットビジネス、教育格差、SNSとコミュニケーションなど、ここで扱われているトピックは、新聞記事やニュースなどで取り上げられることが多い。時間に余裕があればそういった記事や動画を活用し、最新の情報に触れさせると活動が深まる。

　ブラッシュアップセクションには、初級の復習や表現力の向上、漢字学習に役立つ内容をまとめています。下記の対照表のように、各課のセクションと関連がある項目は、それぞれの課で扱うとさらに効果的です。

1 『カルテットⅠ』初級文法チェック

　初級の文法項目の中でも特に定着しにくいもの7項目を復習しながら、用法を整理する。まず、予習としてテキストの説明を読んで WB の問題を解き、その後、授業で確認を行う。

② そうだ／らしい／ようだ／みたいだ	第1課 読む：文型・表現ノート4「〜らしい」
③ 敬語	第2課 読む：読み物1・読み物2
⑤ 受身形／使役形／使役受身形	第4課 読む：読みのストラテジー❼ 動詞の形と動作主
⑥ 条件文／〜たら／〜と／〜ば／〜なら	第5課 読む：読み物1・読み物2

2 『カルテットⅡ』上級へのチャレンジ

　①〜⑦は、読み物の中から文章を豊かにする表現を一部取り上げ、そこから語彙や表現を広げて、語彙力・表現力を向上させることを目指す。⑧「インタビュープロジェクト」は、第8・10・12課の書くで学んだことの応用活動なので、『カルテットⅡ』のまとめの活動として行う。

① 視点	第7課 書く
② 四字熟語	第8課 読む：読み物1
③ ことわざ	第8課 読む：読み物2
④ オノマトペ	第9課 読む：読み物1・読み物2　話す：会話2
⑤ カタカナ語	第10課 読む：読み物1
⑥ 接続詞	第11課 読む：読み物1・読み物2
⑦ 慣用句	第12課 読む：読み物2
⑧ インタビュープロジェクト	第8・10・12課 書く

3 『カルテットⅠ・Ⅱ』漢字チャレンジ

　部首、接頭辞、接尾辞など、漢字学習に役立つストラテジーを学びながら既習漢字を復習し、同時に新しい漢字も学ぶ。タイトルの右にある ☛ マークが指している課は、その課までで学習した漢字を既習として扱っていることを示している。従って、☛ の課で扱うことが望ましい。

　ページ中央にある活動はストラテジーを使って漢字を復習する内容（既習漢字の強化）で、☛ で示された課までの漢字を扱っている。ページ下の囲みの中は未習の漢字を扱っており、漢字の知識を広げることを目的としている。

　まずページ中央の活動を使って既習の漢字を復習し、次にページ下の囲みで、ストラテジーを使って新しい漢字を学習する。WB にも漢字チャレンジの問題があるので、復習として宿題にするとよい。

　部首を扱った項目の中には、漢字を使った単語をたくさん考えようという活動がある（漢字チャレンジ③⑦⑪⑬⑰㉑㉓）。これは、辞書を使わずペアやグループ対抗で考えさせると、楽しみながら復習できる。辞書に頼り、使用頻度が低く、中級向けではない語を出してくる学習者がいるので、この活動の目的は既習の単語を復習することであると強調し、辞書の使用は最小限にとどめるよう指示する。

第3章

各課の指導ポイント

「各課の指導ポイント」の使い方

　4技能をバランスよく伸ばすことを目標としている『中級日本語カルテット』は、1つの課の中に読む・書く・話す・聞くのセクションがあり、様々な形でつながっています。この章では、各課の内容とそれに合わせた効果的な使い方を詳しくご紹介します。全課に共通する内容は、「第2章：2. 全課に共通する教え方」をご覧ください。

■ 4技能セクションの内容と相関図

　『カルテット』の学習は、まず読むことから始めます。各課に読み物1と読み物2があり、書くや話す（会話1・会話2）、聞く（聴解1・聴解2）へとつながっていきます。これら合計7つの学習項目をそれぞれ四角のブロックで表し、各ブロック間のつながりを視覚的に見やすくまとめたものが右の図です。各ブロックから出ている線は、どのような要素でつながっているかを表しています。例えば第1課では、読むの読み物1と聞くの聴解1で「ジブリ」というテーマが扱われていること、そして読むの読み物1と読み物2、書くの3つのブロックには「人物紹介」という共通のつながりがあることがわかります。点線（━ ━ ━）で囲んであるブロックは、授業時間を確保し必ず行ってください。一方、ブロックを囲む点線がなく、図の一番下に配置されているもの（第1課では話すの会話2と聞くの聴解2）は、授業時間が限られている場合、省略可能です。

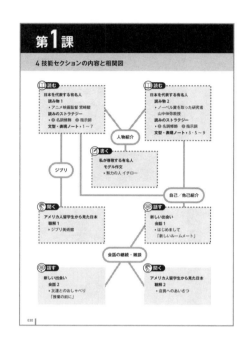

■ 授業時間の目安とポイント

　授業時間の目安として、■の相関図で示した7つのブロックをどのような時間配分で進めるかを示しています。読むの中の文型・表現ノート（基本とまとめの2つに分かれています）と読みのストラテジー、テキスト巻末のブラッシュアップは独立した項目として時間を示しています。

　1課につき16時間（960分）かける例を基本とし、11時間（660分）しかかけられない例（点線がないブロックとブラッシュアップを省略したもの）を併記してあります。第1章の「4. 授業時間の目安」でカレンダーの形で提示したスケジュール例が基本的な流れですが、さらに効果的な学習を目指せるよう、ここでは各課の内容に合わせた時間配分の目安とその順序をこのような図で提示しています。

　授業時間の右側にある吹き出しには、なぜその活動がその順番に来ているのかの説明や、当該活動を行う上でのヒントになることが記されています。

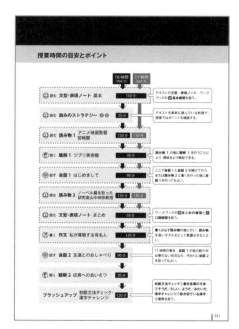

❸ 4 技能セクション別 教え方のヒント

各課の内容に沿って、各セクションの教え方や留意点を具体的に提示しています。

 読む　テキストの読むのセクションは読む前に・読んだ後で・読み物 1・読み物 2・読みのストラテジー・文型・表現ノートで構成されています。ここでは、授業の流れに沿って、**読みのストラテジー、読み物 1 ／読み物 2**（読む前に、読み物本文、読んだ後で）の教え方のヒントを解説しています。

　文型・表現ノートの扱い方は全課に共通するため、ここでは触れていません。各文型・表現のポイントについては、テキストの解説と必要に応じてリソースパックにある解説日本語訳をご参照ください。

　読むのセクションでは、まずその課の読みのストラテジーをテキストで確認します。**読みのストラテジー**は 1 つだけの課と 2 つある課があり、**読み物 1** と **読み物 2** のどちらか（または両方）に関連しています。テキストのページ下部の設問はその読み物本文に関する理解確認問題となっています。『カルテットⅠ』では読解授業の前にその設問の箇所を読むだけでも解答できますが、読解授業で読み進めながら確認してもよいです。『カルテットⅡ』では、読解授業の前に扱うか、授業中に扱うかがストラテジーによって異なるため、各ストラテジーの説明をご参照ください。

　次の**読み物 1 ／読み物 2** では、それぞれのワークブックの設問も含めて読み物で確認すべきポイントや内容質問とその解答例が提示してあります。「QA」は理解確認のための質問で、「•」には、教師が学習者に意見などを求めるためにする問いかけ、教師が学習者の理解を促すために説明すべきことなどが書かれています。これらを教案や試験を作成する際の参考にしてください。

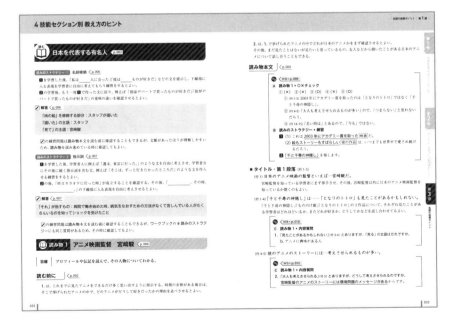

   **書く　話す　聞く**

　基本的にはテキストの順序どおり、「第 2 章：2. 全課に共通する教え方」に沿って進めていけばよいので、ここではそれぞれ**目標・留意点・発展活動**のポイントを紹介しています。

4 技能セクションの内容と相関図

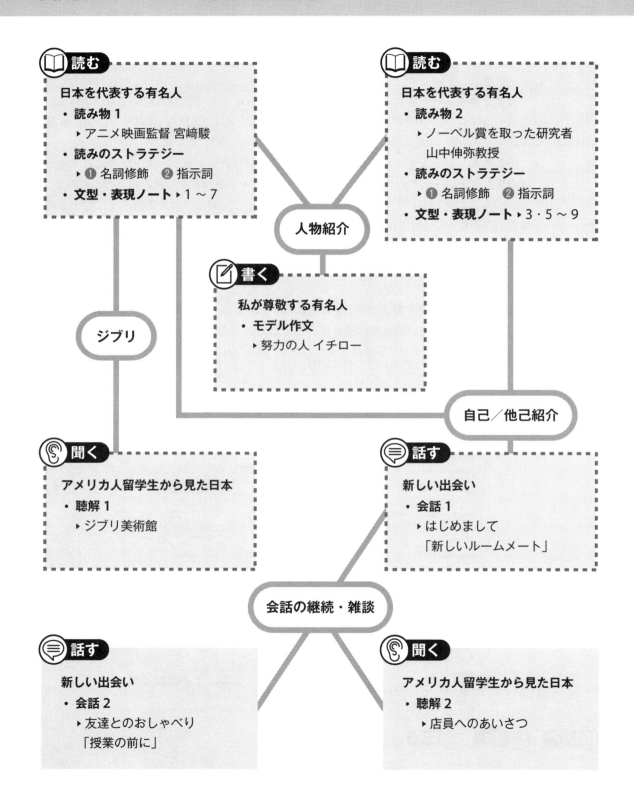

読む

日本を代表する有名人
- **読み物 1**
  - ▸ アニメ映画監督 宮﨑駿
- **読みのストラテジー**
  - ▸ ❶ 名詞修飾　❷ 指示詞
- **文型・表現ノート** ▸ 1 ～ 7

読む

日本を代表する有名人
- **読み物 2**
  - ▸ ノーベル賞を取った研究者
    山中伸弥教授
- **読みのストラテジー**
  - ▸ ❶ 名詞修飾　❷ 指示詞
- **文型・表現ノート** ▸ 3・5 ～ 9

人物紹介

書く

私が尊敬する有名人
- **モデル作文**
  - ▸ 努力の人 イチロー

ジブリ

自己／他己紹介

聞く

アメリカ人留学生から見た日本
- **聴解 1**
  - ▸ ジブリ美術館

話す

新しい出会い
- **会話 1**
  - ▸ はじめまして
    「新しいルームメート」

会話の継続・雑談

話す

新しい出会い
- **会話 2**
  - ▸ 友達とのおしゃべり
    「授業の前に」

聞く

アメリカ人留学生から見た日本
- **聴解 2**
  - ▸ 店員へのあいさつ

授業時間の目安とポイント

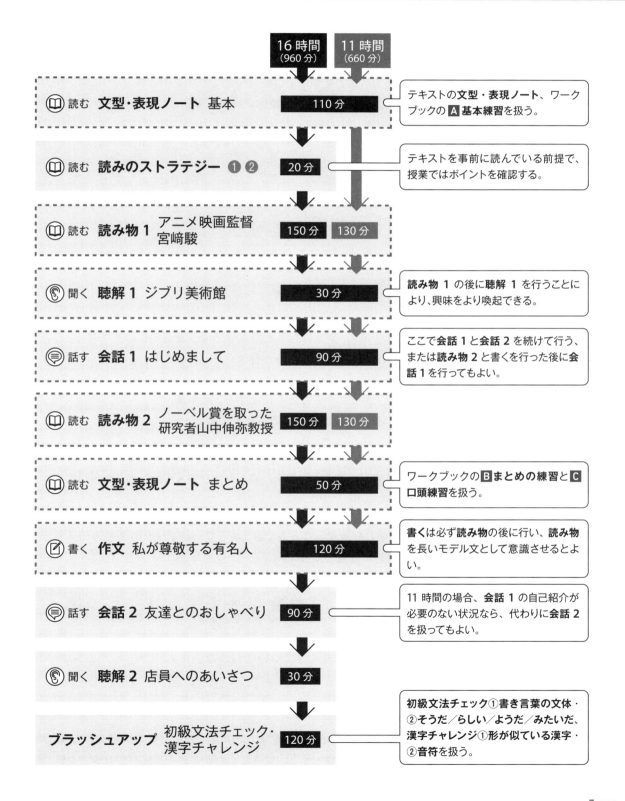

16 時間（960 分） **11 時間**（660 分）

		時間	ポイント
📖 読む	**文型・表現ノート** 基本	110分	テキストの**文型・表現ノート**、ワークブックの **A 基本練習**を扱う。
📖 読む	**読みのストラテジー ❶ ❷**	20分	テキストを事前に読んでいる前提で、授業ではポイントを確認する。
📖 読む	**読み物 1** アニメ映画監督宮﨑駿	150分 130分	
🎧 聞く	**聴解 1** ジブリ美術館	30分	**読み物 1** の後に**聴解 1** を行うことにより、興味をより喚起できる。
💬 話す	**会話 1** はじめまして	90分	ここで**会話 1** と**会話 2** を続けて行う、または**読み物 2** と書くを行った後に**会話 1** を行ってもよい。
📖 読む	**読み物 2** ノーベル賞を取った研究者山中伸弥教授	150分 130分	
📖 読む	**文型・表現ノート** まとめ	50分	ワークブックの **B まとめの練習**と **C 口頭練習**を扱う。
✏️ 書く	**作文** 私が尊敬する有名人	120分	書くは必ず**読み物**の後に行い、**読み物**を長いモデル文として意識させるとよい。
💬 話す	**会話 2** 友達とのおしゃべり	90分	11 時間の場合、**会話 1** の自己紹介が必要のない状況なら、代わりに**会話 2** を扱ってもよい。
🎧 聞く	**聴解 2** 店員へのあいさつ	30分	
	ブラッシュアップ 初級文法チェック・漢字チャレンジ	120分	**初級文法チェック**①書き言葉の文体・②そうだ／らしい／ようだ／みたいだ、**漢字チャレンジ**①形が似ている漢字・②音符を扱う。

読む 日本を代表する有名人 〈p. 002

読みのストラテジー① 名詞修飾 〈p. 006

- **1**を学習した後、「私は＿＿＿＿人に会った」「彼は＿＿＿＿ものが好きだ」などの文を提示し、下線部に入る表現を学習者に自由に考えてもらう練習をするとよい。
- **2**の学習後、もう一度**1**で作った文に戻り、例えば「彼はデパートで買ったものが好きだ」「彼がデパートで買ったものが好きだ」の意味の違いを確認させるとよい。

✎ 解答 〈p. 006

- 「肉の絵」を修飾する部分：スタッフが描いた
- 「描いた」の主語：スタッフ
- 「見て」の主語：宮﨑駿

- ✎の練習問題は**読み物**本文を読む前に確認することもできるが、文脈があったほうが理解しやすいため、**読み物**を読み進めている時に確認してもよい。

読みのストラテジー② 指示詞 〈p. 007

- **1**を学習した後、学習者Aに例えば「週末、東京に行った。」のような文を自由に考えさせ、学習者Bにその後に続く指示詞を含む文、例えば「そこは、ずっと行きたかったところだ」のような文を作らせる練習をするとよい。
- **2**の後、「昨日カラオケに行った時」が成立することを確認する。その後、「＿＿＿＿＿＿＿＿＿。その時、＿＿＿＿＿＿＿＿＿＿＿。」の下線部に入る表現を自由に考えさせるとよい。

✎ 解答 〈p. 007

「それ」が指すもの：病院で働き始めた時、病気をなおすための方法がなくて苦しんでいる人がたくさんいるのを知ってショックを受けたこと

- ✎の練習問題は**読み物**本文を読む前に確認することもできるが、ワークブックの B **読みのストラテジー**にも同じ質問があるため、その時に確認してもよい。

📖 読み物 1 アニメ映画監督 宮﨑駿 〈p. 004

| 目標 | プロフィールや伝記を読んで、その人物についてわかる。 |

読む前に 〈p. 002

- 1. は、これまでに見たアニメをできるだけ多く思い出すように指示する。時間の余裕がある場合は、そこで挙げられたアニメの中で、どのアニメがどうして好きだったかの理由を述べさせるとよい。

- 2. は、1. で挙げられたアニメの中でどれが日本のアニメかをまず確認させるとよい。
- その他、まだ見たことはないが見たいと思っているもの、友人などから聞いたことがある日本のアニメについて話し合うこともできる。

読み物本文 〈p.004

 〈WB▸p.009

A 読み物1▸○×チェック

①（✕）　②（✕）　③（○）　④（✕）　⑤（○）

　①（行1-3）2003年にアカデミー賞を取ったのは「となりのトトロ」ではなく「千と千尋の神隠し」。

　②（行4-5）「大人も考えさせられるものが多い」ので、「つまらない」と思わないだろう。

　④（行14-15）「若い時は」とあるので、「今も」ではない。

B 読みのストラテジー▸練習

❶ (1) これは2003年にアカデミー賞を取った 映画 だ。

　(2) 絵もストーリーもすばらしい 彼の作品 は、いつまでも世界中で愛され続けるだろう。

❷ 「千と千尋の神隠し」を指します。

■ タイトル・第1段落 (行1-5)

(行1) 日本のアニメ映画の監督といえば…宮﨑駿だ。

- 宮﨑監督を知っている学習者にまず挙手させ、その後、宮﨑監督以外に日本のアニメ映画監督を知っているか聞くのもよい。

(行1-4)「千と千尋の神隠し」は…「となりのトトロ」も見たことがあるかもしれない。

- 「千と千尋の神隠し」「もののけ姫」「となりのトトロ」の3作品について、それぞれ見たことがある学習者はどれほどいるか、またどれが好きか、どうしてかなどを話し合わせてもよい。

 〈WB▸p.010

C 読み物1▸内容質問

1. 「見たことがあるかもしれない」(行3-4) とありますが、「見る」の主語はだれですか。
   b. アニメに興味がある人

(行4-5) 彼のアニメのストーリーには…考えさせられるものが多い。

 〈WB▸p.010

C 読み物1▸内容質問

2. 「大人も考えさせられる」(行5) とありますが、どうして考えさせられるのですか。
   宮﨑監督のアニメのストーリーには環境問題のメッセージがあるからです。

Q 「考えさせられる」は何形か。

　A 使役受身形

Q 「考える」の使役形は何か。

　A 考えさせる

Q 何がだれに「考えさせる（使役形）」のか。

　A 宮﨑監督のアニメ（のストーリー）が大人に考えさせる。

- 最近、どんなことを「考えさせられた」のか、どうして考えさせられたのかを問うとよい。

- 文の構造を以下のように確認する。

Q 何が「多い」のか。

　A（大人も）考えさせられるものが多い。

Q どこに「多い」のか。

　A（彼のアニメの）ストーリーに多い。

Q 何について考えさせられるのか。

　A 環境問題について考えさせられる。

- 環境問題について知っていることを話し合わせたり、環境問題に関するメッセージを発信している著名人などを知っているか聞いたりするとよい。

■ 第2段落 （行6-11）

（行6-7）宮﨑監督は…厳しくなる。

- 宮﨑監督の写真を見せながら、外見の描写に関する語彙および「優しそうに見える」の理解を促す。

🅦 〈WB ▶ p. 010

🅲 **読み物1 ▶ 内容質問**

3.「自分が言うとおりに描けるまで」（行7-8）とありますが、①だれがだれに「言う」のですか。②だれが「描く」のですか。

① 宮﨑監督がスタッフに言います。

② スタッフが描きます。

※テキストの**読みのストラテジー❶**の練習問題を読む前に確認しなかった場合は、ここで確認する。

4.「怒ったこともあるらしい」（行10）とありますが、①だれが、②どうして「怒った」のですか。

① 宮﨑監督が怒りました。

② スタッフが描いた肉の絵がゴムのようだったからです。

（行6-11）笑顔の監督は…作ったこともあるそうだ。

- 初級文法チェック②（p. 208）を参照しながら、「優しそうに見える」の「～そうだ」は直感による推量、「ゴムのようだ」の「～ようだ」はたとえ、「怒ったこともあるらしい」の「～らしい」は伝聞による推量、「作ったこともあるそうだ」の「～そうだ」は伝聞であることを確認する。

■ 第3段落 (行12-16)

(行14-15) 若い時は…仕事をしていたそうだ。

- 「仕事をしていたそうだ」の「〜そうだ」は伝聞であることを確認する。

 ‹WB ▸ p.010

C 読み物1 ▸ 内容質問

5. 宮﨑監督はどうして美しくて芸術的なアニメが作れるのですか。
   <u>スタッフにも自分にも厳しい</u>からです。

(行15-16) このように…アニメが作れるのだ。

- **Q** 「このように」の「この」は何を指すか。例として何が挙げられているか。
  A 「朝から晩までほとんど休まないで仕事をする」「昼ご飯と晩ご飯も5分で食べる」「テレビや趣味に大切な時間を使わない」「若い時は、朝9時から次の日の朝5時まで仕事をしていた」

- 「自分にも厳しいから、美しくて芸術的なアニメが作れる」とあるが、どう思うか尋ねる。

■ 第4段落 (行17-18)

 ‹WB ▸ p.010

C 読み物1 ▸ 内容質問

6. 「愛され続ける」(行17) とありますが、①何が愛され続けるのですか。②どうしてですか。
   ① <u>宮﨑監督の作品</u>が愛され続けます。
   ② <u>絵もストーリーもすばらしい</u>からです。

- **Q** 「愛され」は何形か。
  A 受身形

- 複合動詞の作り方について、例えば「食べ続ける」「読み続ける」「見続ける」のような例を出して、簡単に説明する。

■ 第5段落 (行19-23)

 ‹WB ▸ p.010

C 読み物1 ▸ 内容質問

7. 「プロフィール紹介」(行20-23) を読んで、①〜⑤の文を完成させなさい。
   ① 宮﨑駿は1941年に<u>東京</u>で生まれた。
   ② 高校の時、<u>アニメに興味を持つ</u>ようになった。
   ③ 大学を卒業した後、<u>アニメ会社</u>に就職した。
   ④ アニメ映画をたくさん作って、<u>ベルリン国際映画祭</u>などにも出品した。
   ⑤ 2014年に<u>アカデミー名誉賞</u>を取った。

読んだ後で ⟨p.002⟩

- 3. 解答例

  宮﨑監督はスタッフにも自分にも 厳しい から、芸術的 なアニメが作れる。「千と千尋の神隠し」は アカデミー賞 を取った映画であるが、彼のアニメのストーリーには 環境問題 のメッセージがあるものが多い。

- 4. では、宮﨑監督の作品を見たことがある学習者を中心に進めるとよい。また、学習者の国で人気があるアニメについても同様の質問をし、多くの学習者に発言の機会を与えることを意識する。また、2022年11月に開園した「ジブリパーク」について調べさせてもおもしろい。

📖 読み物 2 ノーベル賞を取った研究者 山中伸弥教授 ⟨p.005⟩

目標 | プロフィールや伝記を読んで、その人物についてわかる。

読む前に ⟨p.003⟩

- 1. は、ノーベル賞とはそもそもどのようなものか話させ、情報共有するところから始めるとよい。有名な受賞者など思い出せることや知っていることをまずはグループでシェアさせる。
- 2. は、ノーベル賞受賞者に限らず、広く対象を広げて考えさせる。その後、尊敬されている理由についてディスカッションさせるとよい。

読み物本文 ⟨p.005⟩

Ⓦ⟨WB ▶ p.011⟩

A 読み物2▶○×チェック

①(○) ②(×) ③(○) ④(×) ⑤(○)

②(行3-5)「近い将来」とあるので、実際にはまだ「助けられるようになっ」ていない。

④(行21)「すまん」と言ったのは「講演中」ではなく「手術中」。

B 読みのストラテジー▶練習

❶(1) iPS細胞というのは、体のいろいろな部分になることができる 細胞 です。

(2) それが、医者をやめて研究をしようと思った 理由 の一つだったそうです。

(3) 例えば、医者だった時にした 手術 の話があります。

(4) これが、彼が多くの人に尊敬されている 理由 なのかもしれません。

❷(1) 学生時代に柔道やラグビーをしていて、何回もけがをした ことを指します。

(2) 病気をなおすための方法がなくて苦しんでいる人がたくさんいるのを知って、ショックを受けた ことを指します。(※テキストの読みのストラテジー❷の練習問題✐と同じ問題)

(3)「ＶＷ」という言葉を指します。

■ タイトル・第1段落 (行1-7)

(行1)「iPS 細胞」…聞いたことがありますか。

- iPS 細胞の画像を学習者に提示すると効果的。

(行2-3) iPS 細胞…できる細胞です。

　Q 「iPS 細胞」とはどんな細胞か。
　　A 体のいろいろな部分になることができる細胞

(行3-5) 近い将来、…「夢の細胞」とも言われています。

　Q 近い将来、iPS 細胞でどんなことができると考えられているのか。
　　A 難しい病気の人を助けられるようになると考えられている。

　Q 「助けられる」は何形か。
　　A 可能形

　Q 何がだれを「助けられる」のか。
　　A iPS 細胞が難しい病気の人を助けられる。

　Q 「考えられて」は何形か。
　　A 受身形

　Q だれが「考えて」いるのか。
　　A 多くの人々

　Q 何が「夢の細胞」と言われているのか。
　　A iPS 細胞

　Q どうして「夢の細胞」と言われているのか。
　　A 近い将来、iPS 細胞で難しい病気の人を助けられるようになるかもしれないから

(行5-7) この細胞、…受賞しました。

　Q 「この細胞」とは何を指すか。
　　A iPS 細胞

　Q 山中伸弥教授がノーベル賞を受賞したのは、いつか。
　　A 2012 年（50 歳の時）

■ 第2段落 (行8-15)

(行10-11) そのことが…決心しました。

　Q 山中教授は、何を決心したか。
　　A けがをした人を助けられる医者になろうと決心した。

　Q 何がきっかけで、医者になろうと決心したか。
　　A 学生時代に柔道やラグビーをしていて、何回もけがをしたこと

(行11-15) しかし、病院で…一つだったそうです。

WB ‹ WB ▶ p. 012

C **読み物 2 ▶ 内容質問**

1. 「ショックを受けました」(行 13-14) の主語はだれですか。
   b. 山中教授

2. 山中教授はどうして「ショックを受けました」(行 13-14) か。
   <u>病気をなおすための方法がなくて苦しんでいる人がたくさんいるのを知った</u>から
   です。

Q 山中教授はどうして医者をやめて研究者になったのか。

A 病院で働き始めた時、病気をなおすための方法がなくて苦しんでいる人がたくさんいるの
を知ってショックを受けたから。

■ 第3段落 (行 16-23)

(行 16) 山中教授は…人です。

Q 山中教授はどんな人か。

A 明るい性格でおもしろい人

(行 16-17) 講演では…笑わせるようにしているそうです。

WB ‹ WB ▶ p. 012

C **読み物 2 ▶ 内容質問**

3. 山中教授は講演の時に何をするようにしていますか。
   <u>必ず 1 回は笑わせる</u>ようにしています。

Q 「笑わせる」は何形か。

A 使役形

Q だれがだれを笑わせるのか。だれが笑うのか。

A 山中教授が講演を聞いている人を笑わせる。講演を聞いている人が笑う。

(行 19-21) 15 分ほどの…1 時間以上かかってしまいました。

Q 何が 1 時間以上かかってしまったのか。

A 手術

(行 21-22) それで、手術中の…あやまりました。

Q だれがだれにあやまったのか。

A 山中教授が友人にあやまった。

Q どうしてあやまったのか。

A 15 分ほどの簡単な手術だったのに、1 時間以上かかってしまったから。

WB ‹ WB ▶ p. 012

C **読み物 2 ▶ 内容質問**

4. 「不安になった」(行 22-23) の主語はだれですか。
   a. 友人

Q どうして友人は不安になったのか。

　　A 手術中に医者の山中教授にあやまられたから。

■ **第 4 段落**（行 24-33）

（行 24-25）教授によると…救うこと」だそうです。

> 〈 WB ▸ p. 012
>
> C **読み物 2 ▸ 内容質問**
>
> 5. 山中教授が言っている「人生の目標」とは何ですか。
>
> 　　iPS の技術をベッドサイドに届けて多くの患者を救うことです。

（行 25-27）教授が…言葉があります。

Q 教授が大切にしている言葉は何か。

　　A 「ＶＷ」

Q いつ山中教授は「ＶＷ」という言葉を知ったのか。

　　A アメリカ留学中

> 〈 WB ▸ p. 012
>
> C **読み物 2 ▸ 内容質問**
>
> 6. 「Ｖ（Vision）とＷ（Work hard）」（行 28）は、それぞれどういう意味ですか。
>
> ・ Ｖ（Vision）　　「目標を決める」という意味です。
>
> ・ Ｗ（Work hard）「がんばる」という意味です。

（行 32-33）これが…理由なのかもしれません。

Q だれがだれを尊敬しているのか。

　　A 多くの人が山中教授を尊敬している

Q どうして山中教授は尊敬されているのか。

　　A iPS 細胞ができるまで失敗しても決して研究をやめなかったから

読んだ後で 〈 p. 003

- 3. 解答例

　山中教授は iPS 細胞 の研究で ノーベル賞 を受賞した研究者だ。彼の人生の 目標 は iPS の技術で多くの患者を救うことで、iPS 細胞ができるまで研究をやめなかった。だから、多くの人に 尊敬 されているのだろう。

- 4. と 5. では、1. で挙げられた人物について思い出させ具体的に考えるようにするとよい。複数の人物が挙げられた場合は、どのような点が共通しているのかを考えさせるのもおもしろい。

- 5. では、ノーベル賞の歴史やノーベル賞受賞者を調べさせたり、興味がある分野での受賞にはどのような傾向が見られるのかを調べさせたりして発表につなげるのも一案。

■ ブラッシュアップ

初級文法チェック① 書き言葉の文体 ‹ p. 206

- 読み物1は「だ・である体」の横書きで、読み物2は「です・ます体」の縦書きで本文が書かれている。初級レベルが終わったばかりの学習者の中には、特に「だ・である体」や縦書きに慣れていない学習者が散見されるため、第1課を行う前に「①書き言葉の文体」を確認するとよい。

初級文法チェック② そうだ／らしい／ようだ／みたいだ ‹ p. 208

- 「そうだ／らしい／ようだ／みたいだ」の多くは初級で学ぶ文法であるが、それぞれの用法や接続の形をきちんと理解できている学習者はそれほど多くない。この機会にまとめて再度確認してほしい。第1課の**読み物1**には「監督は優し<u>そう</u>に見える」「怒ったこともある<u>らしい</u>」「2年以上かけて作ったこともある<u>そうだ</u>」「仕事をしていた<u>そうだ</u>」、**読み物2**には「笑わせる<u>ようにしている</u><u>そうです</u>」「不安になった<u>そうです</u>」「教授によると…<u>そうです</u>」のように伝聞の用法が多く出ている。

 書く
私が尊敬する有名人 ‹ p. 016

目標
- 人物紹介文が書ける。

留意点
- 書くポイント1.の名詞修飾は読みのストラテジー❶で、書くポイント2.の伝聞引用は、ブラッシュアップ 初級文法チェック②で勉強した表現であることを伝えると、スムーズに導入ができる。
- 「尊敬する有名人」が思い浮かばない学習者がいる場合は、以下3つの解決策が考えられる。
  - (1)「好きな有名人」を何人か挙げさせ、彼らのどんな点が好きかをそれぞれ考えさせる。
  - (2) 同じ国出身の学習者同士をペアにし、その国の多くの人が知っていると思われる有名人を何人か挙げさせ、どうして彼らが有名かを話し合わせる。
  - (3) 違う国出身の学習者同士をペアにし、「(国名) と言えばだれ」を思い浮かべるかを互いに挙げさせる。

発展活動
- 書いた人物紹介を基に、クラスで発表を行う。
- その人物の名言をまとめたものを紹介する。
- その人物が存命・健在であれば、最近の話題や活動を調べさせる。

話す 新しい出会い p.018

| 目標 | 会話 1： これからお世話になる人に自己紹介ができる。
| | 会話 2： 話が続けられる（雑談ができる）。

| 留意点 | 会話 1： 初対面の場面では、たとえ相手が同年代でも「です・ます体」を使ったほうが無難であることを伝える。相手との関係性で「です・ます体」から徐々に「だ体」に切り替えていけるのが理想的。研の話し方にも注意を向けさせる。
| | 会話 2： 日本語での相槌の表現やその頻度にも気をつけさせる。特に英語母語話者は英語では相づちが少ないので注意が必要。話題を変える「ところで」や、相手の話の続きを促す「それで」や「で」の練習も行うとよい。

| 発展活動 | 会話 1： クラスや寮で初めて会った相手にどのような自己紹介を行ったかを再現させ、よかった点や改善できそうな点をクラスで話し合う。
| | 会話 2： 授業開始時に時間を 5 分ほど設定し、自由に雑談をさせる。その後、相手から聞いた話を「～そうだ」「～らしい」「～みたい」を使って発表する。

聞く アメリカ人留学生から見た日本 p.029

| 目標 | 聴解 1： 美術館の情報を見ながら会話を聞き、内容がわかる。
| | 聴解 2： スピーチを聞き、店員へのあいさつが国によってどう違うかがわかる。

| 留意点 | 聴解 1： 聞く前に「休館日」「入場時間」「入場料金」「大人」の漢字の読み方と意味を確認しておくとよい。
| | 聴解 2： 内容を確認する前に、店員にあいさつしたり、あいさつを返したりしたことがあるかを尋ねるとよい。また、ディスカッションの前にジョージの意見はどんなものだったかの確認をする。

| 発展活動 | 聴解 1： 愛知県長久手市に開園した「ジブリパーク」について調べ、「ジブリ美術館」との共通点や相違点を簡単に発表させる。
| | 聴解 2： 可能であれば他の国の学習者を入れたグループで、自国では店員にあいさつをするか、日本でも同様にするか、ディスカッションする。

4 技能セクションの内容と相関図

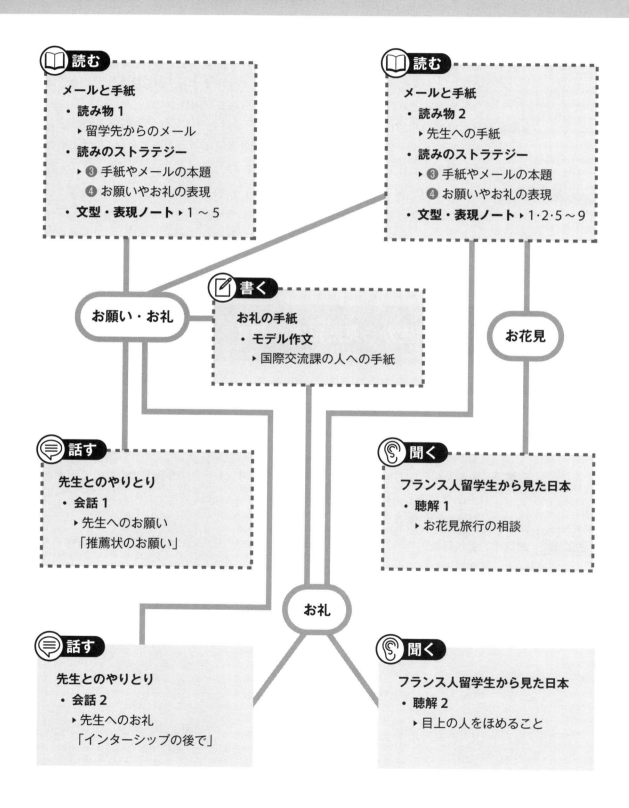

📖 読む

メールと手紙
- 読み物 1
  - ▸ 留学先からのメール
- 読みのストラテジー
  - ❸ 手紙やメールの本題
  - ❹ お願いやお礼の表現
- 文型・表現ノート ▸ 1 〜 5

📖 読む

メールと手紙
- 読み物 2
  - ▸ 先生への手紙
- 読みのストラテジー
  - ❸ 手紙やメールの本題
  - ❹ お願いやお礼の表現
- 文型・表現ノート ▸ 1・2・5 〜 9

お願い・お礼

📝 書く

お礼の手紙
- モデル作文
  - ▸ 国際交流課の人への手紙

お花見

💬 話す

先生とのやりとり
- 会話 1
  - ▸ 先生へのお願い
  「推薦状のお願い」

👂 聞く

フランス人留学生から見た日本
- 聴解 1
  - ▸ お花見旅行の相談

お礼

💬 話す

先生とのやりとり
- 会話 2
  - ▸ 先生へのお礼
  「インターシップの後で」

👂 聞く

フランス人留学生から見た日本
- 聴解 2
  - ▸ 目上の人をほめること

授業時間の目安とポイント

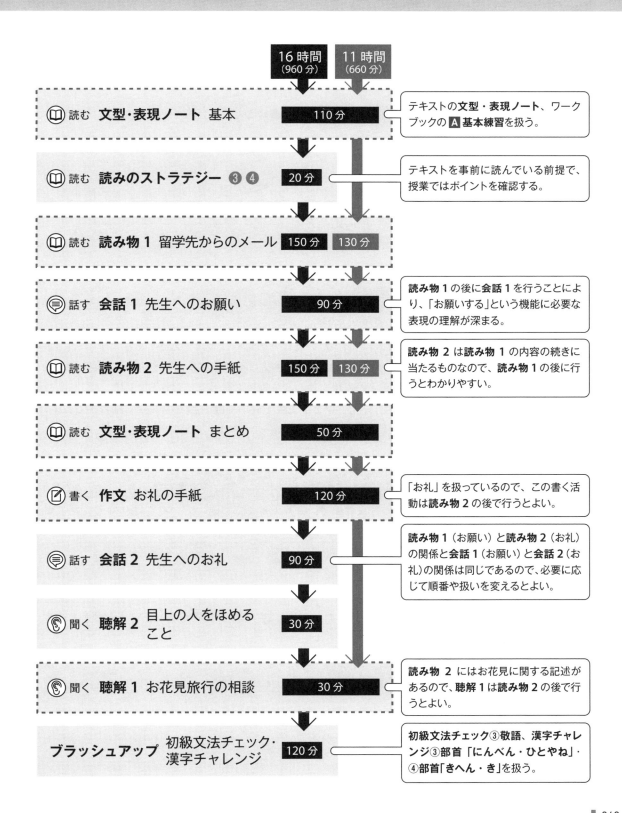

		16 時間 （960分）	11 時間 （660分）	
読む	**文型・表現ノート** 基本	110分		テキストの**文型・表現ノート**、ワークブックの **A 基本練習**を扱う。
読む	**読みのストラテジー** ❸ ❹	20分		テキストを事前に読んでいる前提で、授業ではポイントを確認する。
読む	**読み物1** 留学先からのメール	150分	130分	
話す	**会話1** 先生へのお願い	90分		**読み物1**の後に**会話1**を行うことにより、「お願いする」という機能に必要な表現の理解が深まる。
読む	**読み物2** 先生への手紙	150分	130分	**読み物2**は**読み物1**の内容の続きに当たるものなので、**読み物1**の後に行うとわかりやすい。
読む	**文型・表現ノート** まとめ	50分		
書く	**作文** お礼の手紙	120分		「お礼」を扱っているので、この書く活動は**読み物2**の後で行うとよい。
話す	**会話2** 先生へのお礼	90分		**読み物1**（お願い）と**読み物2**（お礼）の関係と**会話1**（お願い）と**会話2**（お礼）の関係は同じであるので、必要に応じて順番や扱いを変えるとよい。
聞く	**聴解2** 目上の人をほめること	30分		
聞く	**聴解1** お花見旅行の相談	30分		**読み物2**にはお花見に関する記述があるので、**聴解1**は**読み物2**の後で行うとよい。
	ブラッシュアップ 初級文法チェック・漢字チャレンジ	120分		初級文法チェック③敬語、漢字チャレンジ③部首「にんべん・ひとやね」・④部首「きへん・き」を扱う。

読む メールと手紙 p.032

読みのストラテジー③ 手紙やメールの本題 p.038

- 「さて／ところで／実は」にまず注目させる。書き手の目的はその後に続くことが多いので、その点も確認させる
- 「では」は手紙やメールの最後の段落で使われることが多いことにも留意させる。

✎ 解答 p.038

- 本題の部分：

  さて、先日、無事に二カ月のインターンシッププログラムがすべて終わりました。その節は、お忙しいところ推薦状を書いてくださって、ありがとうございました。短い期間……………。
- 書き手の目的：（推薦状の）お礼を伝える

- ✎ の練習問題は**読み物**本文を読む前に確認することもできるが、**ワークブック B** の読みのストラテジーにも同じ質問があるため、その時に確認してもよい。

読みのストラテジー④ お願いやお礼の表現 p.039

- ❶を学習する前に「目上の相手に都合を聞きたい時にどのように表現するか」をまず学習者に聞き、その後に (a)(b)(c) の表現を導入すると効果的。また、例えば「先生に推薦状を書いて（送って）ほしい時」など別の状況を設定し (a)(b)(c) の表現を使わせる練習も合わせて行うとよい。
- ❷の学習後、もう一度❶に戻り、ペアで先生役と学生役を決めて❶と❷を合わせて練習するとよい。

✎ 解答 p.039

- お願いの表現：

  それで、お忙しいところ急なお願いなのですが、推薦状が必要なので書いていただけないでしょうか。申し込みの締め切りは１カ月後なので、２月上旬までに送っていただければ大丈夫です。突然のメールで申し訳ありませんが、お返事をいただけるとうれしいです。よろしくお願いいたします。
- お礼の表現：なし

- ✎ の練習問題は**読み物**本文を読む前に確認することもできるが、文脈があったほうが理解しやすいため、**読み物**を読み進めている時に確認してもよい。

📖 読み物 1 留学先からのメール p.034

目標 | メールや手紙が書かれた目的がわかる。

読む前に ⟨ p. 032

- **1.** は、メールだけでなく SNS のメッセージについても話し合わせるとよい。また、だれに、どれくらいの頻度でメールやメッセージを送ったりもらったりするか、どのような内容が多いかなど、学習者が具体的に考えられるよう工夫すると活発な話し合いが期待できる。
- **2.** は、日常生活でのこれまでの経験から具体的な例を考えさせるとよい。
- その他、日本語でメールやメッセージを書いたやもらったことがあるか、その際、気づいたことなども話し合うことができる。

読み物本文 ⟨ p. 034

 ⟨ WB ▸ p. 021

A 読み物 1 ▸ ○×チェック

① (○)　② (×)　③ (×)　④ (○)　⑤ (×)

② (行 8-9)「ホストファミリーにおせち料理の意味や作り方を教えてもらった」とあるので、「寮」ではない。

③ (行 10-13) 異文化交流イベントを行っているのは「南山市の国際交流課」なので、「大学」ではない。

⑤ (行 18-19) 推薦状の申し込み締め切りは 1 カ月後で 2 月上旬なので、このメールは 1 月に書かれたもので、「2 月」ではない。

B 読みのストラテジー ▸ 練習

❸ (1) 本題の部分：<u>10</u> 行目～ <u>20</u> 行目

(2) 目的は、<u>推薦状のお願いをする</u>ことです。

※テキストの読みのストラテジー❹の練習問題🖊を読む前に確認しなかった場合は、ここで確認する。

❹ (1) a. 鈴木先生

(2) ① a. 鈴木先生　② b. ジョージ

(3) ① b. ジョージ　② b. ジョージ

■ タイトル・第 1 段落 (行 1-9)

(行 1) ジョージが…メールを書く。

Q このメールはだれがだれに書いたものか。

A ジョージ・テイラーが鈴木先生に書いたもの

(行 2-3) 宛先：鈴木礼子先生…お願い

- 日本語では「To」が「宛先」、「Subject」が「件名」となることと、「件名」は名詞止めが多いことなどを伝える。

(行 5-9) 日本は…知りたくなりました。

> ⟨ WB ▸ p. 022
>
> **C　読み物 1 ▸ 内容質問**
>
> 1. このメールはどの季節に書かれたものですか。はじめのあいさつの段落 (行5-9) を読ん
>   で答えなさい。
>   冬です。
> 2. 「そちら」(行5) とは、どこを指しますか。
>   鈴木先生がいるアメリカの町を指します。

- おせち料理の実際のカラー写真を見せたり、コンビニなどに置いてあるパンフレットを見せたり
  すると学習者にもイメージがわきやすい。また日本のお正月について知っていることを発表させ
  たり、調べさせたりするとよい。

  Q だれがだれにおせち料理の意味や作り方を教えたか。

  　A ホストファミリーがジョージに教えた。

  Q だれが和食についてもっと知りたくなったのか。

  　A ジョージ

> ⟨ WB ▸ p. 022
>
> **C　読み物 1 ▸ 内容質問**
>
> 3. ジョージはどうしてもっと和食について知りたくなりましたか。
>   ホストファミリーにおせち料理の一つ一つの意味や作り方を教えてもらったから
>   です。

■ **第2段落** (行10-16)

(行10) さて、…メールしました。

- 「さて」に注目させ、読みのストラテジー③で学習したことを思い出させる。

> ⟨ WB ▸ p. 022
>
> **C　読み物 1 ▸ 内容質問**
>
> 4. ジョージはどうして鈴木先生にメールをしましたか。
>   推薦状を書いてほしいからです。

(行10-11) 大学がある南山市では…インターンシッププログラムがあります。

> ⟨ WB ▸ p. 022
>
> **C　読み物 1 ▸ 内容質問**
>
> 5. 「留学生のインターンシッププログラムがあります」(行11) とありますが、それはどのよ
>   うなプログラムですか。
>   市の国際交流課の仕事を手伝いながら、小・中学校やコミュニティーセンターで異
>   文化交流イベントを毎週行うプログラムです。

- 「異文化交流イベント」にはどのようなものがありそうか、このようなイベントに参加した経験
  があるか話し合わせるとよい。

‹ WB ▸ p. 022

C　読み物 1 ▸ 内容質問

6. ジョージはどうしてこのインターンシップに申し込むことにしたのですか。

   日本にいる時しか経験できないし、将来就職する時にもきっと役に立つだろうと
   思ったからです。

■ 第 3 段落 (行 17-20)

(行 17-18) それで、…書いていただけないでしょうか。

- 「それで」の使い方を確認する。「お忙しいところ」はクッション言葉で相手が忙しいか否かに関わらず使われ、「お忙しいところ申し訳ありませんが」という表現でよく用いられる。
- 読みのストラテジー❹-❶で学習した、目上の相手にお願いする表現がどこに使われているか確認する。

(行 18-19) 申し込みの締め切りは、…大丈夫です。

> **Q** ジョージがこのメールを書いたのはいつごろか。
>
> **A** 1 月上旬
>
> **Q** だれがだれに何を送るか。
>
> **A** 鈴木先生がジョージに推薦状を送る。

(行 19-20) 突然のメールで…うれしいです。

 ‹ WB ▸ p. 022

C　読み物 1 ▸ 内容質問

7. 「突然のメールで申し訳ありませんが」(行 19-20) とありますが、①だれが申し訳ないと
   思っていますか。②どうしてそう思っているのですか。
   ① ジョージが申し訳ないと思っています。
   ② 突然、推薦状のお願いのメールをしたからです。

■ 第 4 段落 (行 21-23)

(行 21) 風邪を…お気をつけください。

- 「体に気をつける」の意味を確認する
- 手紙やメールの最後の一文には相手を気遣う一言を添えるといい。

■ 先生にメールでファイルを送る時 ‹ p. 035

- 宿題の提出のメールや日常的に会っている人へのメールには近況や季節の挨拶などは入れないことを確認する。

読んだ後で ‹ p. 032

- 3. では、母語で教師など目上の人に書いたメールと読み物を比較させると具体的な違いに気づきやすい。
- 4. では、必ず理由とともに説明させることが重要。また、学生時代のインターンシップ経験が果たす役割や期間、内容等まで話を広げることもできる。

- **5.** では、可能なら異なる国出身の学習者をペアにして話し合わせるとよい。また写真や動画を見せながら説明させると話が広がる。
- 発展活動として、日本の主な四季の年中行事と行事食、行事食に込められた意味について調べて発表させるタスクが考えられる。

📖 読み物 2 　先生への手紙 ‹ p. 037

| **目標** | （メールや）手紙が書かれた目的がわかる。 |

読む前に ‹ p. 033

- すでに読み物1の1.の話し合い後であれば、1.はメールと手紙の頻度の違いなども話し合わせるとよい。
- 2.では、だれにいつもらった手紙で、どうしてうれしかったのかを具体的に話させるようにする。

読み物本文 ‹ p. 037

> **WB** ‹ WB ▶ p. 023
>
> **A** 読み物2 ▶ ○×チェック
> ①（×）　②（○）　③（×）　④（×）　⑤（×）
> 　　①（行3）「日本は桜が終わり、緑が美しい季節になった」とあるので春から初夏。
> 　　③（行14-16）アルバイトではなくボランティアで教える。
> 　　④（行17-18）「つまらないものですが」は慣用表現。
> 　　⑤（行19-20）「夏休みにそちらに帰った時に」とあるので、夏休みにアメリカに帰る予定。
>
> **B** 読みのストラテジー ▶ 練習
> ❸（1）本題の部分：<u>5</u>行目〜<u>18</u>行目
> 　（2）目的は、<u>推薦状のお礼を伝える</u>ことです。
> 　（※テキストの読みのストラテジー❸の練習問題✏と同じ問題）
> ❹（1）<u>6</u>行目
> 　（2）<u>①鈴木先生</u>が<u>②推薦状を書いてくださった</u>ことについてお礼を伝えています。

■ タイトル・第1段落 (行1-4)

（行1）ジョージが…手紙を書く。

> **Q** この手紙はだれがだれに書いたものか。
>
> **A** ジョージ・テイラーが鈴木先生に書いたもの。

- 縦書きの手紙では特に差出人の名前や受取人の名前の位置に気をつけさせる。また「拝啓」「敬具」や手紙を書いた日付の位置や順番だけでなく、「拝啓」と「敬具」がセットで使われることが多いことにも留意させる。

- 段落が変わる時には1文字分の空白を作ることや、文の一文字目に句読点はこないことも確認する。

(行3) 日本は…季節になりました。

- 桜が終わり、緑が美しい季節は日本では一般的にいつごろかを確認する。

(行3-4) そちらは、…教えられるのでしょうか。

    Q 「そちら」とはどこを指すか。

    　A 鈴木先生がいるアメリカ

- 「どう」が「いかが」に、「過ごしていますか」が「お過ごしですか」になっていることを確認する。

    Q だれがサマーコースを教えるのか。

    　A 鈴木先生

■ **第2段落** (行5-9)

(行5-6) さて、…ありがとうございました。

 ◀ WB ▶ p. 024

　C **読み物 2 ▶ 内容質問**

　1. インターンシップは何月から何月まででしたか。

　　b. 3月中旬～5月中旬

- 読みのストラテジー❹ -**2**で学習したように、感謝を表す表現である「ありがとうございました」の前には「お忙しいところ推薦状を書いてくださって」も「書いていただき」も使用できることを伝える。

(行6-7) 短い期間でしたが、…経験ができました。

 ◀ WB ▶ p. 024

　C **読み物 2 ▶ 内容質問**

　2. 「すばらしい経験」(行7) を修飾するのはどこからどこまでですか。下線を引きなさい。

　　おかげさまで、<u>教科書では学べない</u>　すばらしい経験　ができました。

- 「教科書では学べない経験」には、例えばどのようなものが考えらえるか話し合うとよい。

(行7-8) 英語を教えるのは…楽しめるようになりました。

    Q ジョージは何を楽しめるようになったのか。

    　A 英語を教えること

(行8-9) また、…理解が深まりました。

- 異なる年代の人と知り合うことで深まる日本についての理解には、例えばどのようなものが考えらえるか話し合うとよい。

■ **第3段落** (行10-13)

(行10-11) それに、…気がつきました。

- 「それに」と「それで」の意味を混同してしまう学習者がいるので、使い方の確認が必要。

WB 〈 WB ▶ p. 024

C 読み物 2 ▶ 内容質問

3. 「日本の文化について新しい発見もできました」(行 10) とありますが、ジョージはどんなことを発見しましたか。
   <u>お花見は桜を見るだけではない</u>ということを発見しました。

Q 以前ジョージはお花見についてどう思っていたか。
　A 桜を見るだけだと思っていた。

(行 12-13) 桜の木の下に…おもしろかったです。

WB 〈 WB ▶ p. 024

C 読み物 2 ▶ 内容質問

4. 「そこ」(行 12) はどこを指しますか。
   <u>桜の木の下</u>を指します。

Q 「アメリカでは決して見られないもの」とは、何か。
　A 桜の木の下に多くの人が集まって、お弁当を食べたり、お酒を飲んだりしている様子。

- 日本でお花見をした経験がある学習者に感想や知っていることを聞いてもおもしろいし、自国ではどのようにお花見をするかを話してもらってもよい。

■ 第 4 段落 (行 14-16)

(行 14-16) このインターンシップ…本当にありがとうございました。

WB 〈 WB ▶ p. 024

C 読み物 2 ▶ 内容質問

5. どうしてジョージは別の国際交流活動を始めることになったのですか。
   <u>インターンシッププログラムで友達になった人に誘われた</u>からです。

Q だれがだれを何に誘ったのか。
　A インターンシッププログラムで友達になった人がジョージを別の国際交流活動に誘った。

Q 「このような機会」とは何を指すか。
　A 鈴木先生に推薦状を書いてもらったインターンシッププログラムとは別の国際交流活動に誘われたこと。

■ 第 5 段落 (行 17-18)

(行 17-18) つまらないものですが、…うれしいです。

WB 〈 WB ▶ p. 024

C 読み物 2 ▶ 内容質問

6. 「気に入っていただけたらうれしいです」(行 17-18) とありますが、①だれが何を気に入るのですか。②「うれしい」の主語はだれですか。
   ① <u>鈴木先生</u>が <u>(ジョージが送った) 日本の大学のペン</u>を気に入ります。

②b. ジョージ

Q どうしてジョージは鈴木先生にペンを送ったか。
A 鈴木先生に推薦状を書いてもらったお礼

■ 第6・7段落 (行19-25)

(行19-20) では、…楽しみにしています。

Q だれがどこに帰るのか。
A ジョージがアメリカに帰る

 ⟨WB ▸ p. 024⟩

C 読み物2▸内容質問

7. 「楽しみにしています」(行19-20) とありますが、だれが何を楽しみにしていますか。
ジョージが鈴木先生に会っていろいろな話ができるのを楽しみにしています。

(行21) お忙しい…お伝えください。

Q だれがだれのことを忙しいと思うのか。
A ジョージが鈴木先生のことを忙しいと思う

⟨WB ▸ p. 024⟩

C 読み物2▸内容質問

8. 「佐藤先生にもよろしくお伝えください」(行21) とありますが、①だれが、②だれに、「よろしく」と伝えますか。③この「よろしく」はだれからのあいさつですか。
① 鈴木先生が
② 佐藤先生に「よろしく」と伝えます。
③ ジョージからのあいさつです。

読んだ後で ⟨p.033⟩

- **3.** では、「ありがとうございました」以外の表現、特に具体的な経験を書くと気持ちが伝わりやすいことに留意させるとよい。
- **4.** では、感謝の気持ちをどのような形で表すかについても具体的に考えさせる。手紙なのかカードなのか、言葉なのか物品なのか等。また相手によって異なるのかどうかについても話が広げられる。
- **5.** では、可能なら異なる国出身の学習者をペアやグループにして話し合わせるとよい。
- **5.** の発展活動として、日本の四季に合わせた数々の年中行事とその習慣について調べさせ発表させるタスク等が考えられる。

■ ブラッシュアップ

初級文法チェック③ 敬語 ⟨p.212⟩

- 敬語は苦手意識を持つ学習者が多いので、読み物を読む前に一度丁寧に扱い、読み物を読んだ後にも再度どこに敬語が使われているのか、読み物に下線を引かせるなど工夫し、それぞれ尊敬語なのか謙譲語なのかを合わせて確認する。読み物と同じ内容で敬語を使わないバージョンを書かせるのも一案。また、特別な形の動詞については何度も繰り返して復習したり、敬語が出てくるたびに参照させ

たりするとよい。3. のウチ／ソトと敬語の部分はビジネスでは必要不可欠な箇所であるが、時間に余裕がない場合は割愛する。

 ## 書く お礼の手紙 p.050

| 目標 | • お世話になった人にお礼の手紙が書ける。 |

留意点
- 書くポイントのフォーマルな手紙のための表現を読み物と照らし合わせながら、再度確認する。2の「おかげで」は、**読みのストラテジー❹**で勉強した表現であることを伝えるとスムーズに導入ができる。
- 2のタスクでは、手紙の受取人を日本語の手紙が読め、実在する人物にするよう指示する。(2) と (3) はセットで考えさせ、この部分がお礼の手紙の中心となることを確認する。
- 縦書きの手紙を書くことに慣れていない学習者が多いため、可能であれば便箋と封筒を学習者に渡し、実際にペンで手書きで書かせる。また封筒にどのように住所や宛名を書くのかも合わせて指導する。

発展活動
- 書いた手紙を実際に郵送する。
- 書くポイント1 (b) 以外の季節のあいさつをペアワークで考えたり、調べたりして発表させる。

 ## 話す 先生とのやりとり p.052

目標
会話1: 丁寧にお願いができる。
会話2: お礼が言える。

留意点
会話1: 「〜ていただけないでしょうか」と「〜(さ)せていただけないでしょうか」の違いを**ここにも注目**(p. 053)で再確認してから、**会話1**を学習するとよい。「お願いがあるんですが…」や「実は〜んですが」の「〜んですが」を練習する際、どんな時に「〜んですが」が使えるかも確認する。
会話2: お世話になった人に直接感謝の気持ちを伝えることの重要性を知らせる。

発展活動
会話1: 実際に日常生活でどんなお願いをしたり、されたりした経験があるかをペアやグループでできるだけ多く挙げさせ、それらの設定を使って練習する。
会話2: お願いをしたり、お礼を言ったりした経験を具体的に思い出し、**会話1**に続けて**会話2**を行うとよい。

フランス人留学生から見た日本　◀ p. 064

目標	聴解1：桜の開花予想を見ながら会話を聞き、内容がわかる。
	聴解2：スピーチを聞き、目上の人をほめる言い方が国によってどう違うかがわかる。

留意点	聴解1：聞く前に、開花予想図の日付を見て、気づいたことをペアで話し合っておくとよい。
	聴解2：学習後、余裕があれば日本では家族などの身内について他人の前ではほめないことを伝える。

発展活動	聴解1：実際にテレビや新聞の開花予想のニュースや記事を使って、花見旅行の相談をする会話を作って発表させる。
	聴解2：テレビ番組などを視聴し、どのように目上の人をほめているのか、言い方や表現を調べて発表させる。

4 技能セクションの内容と相関図

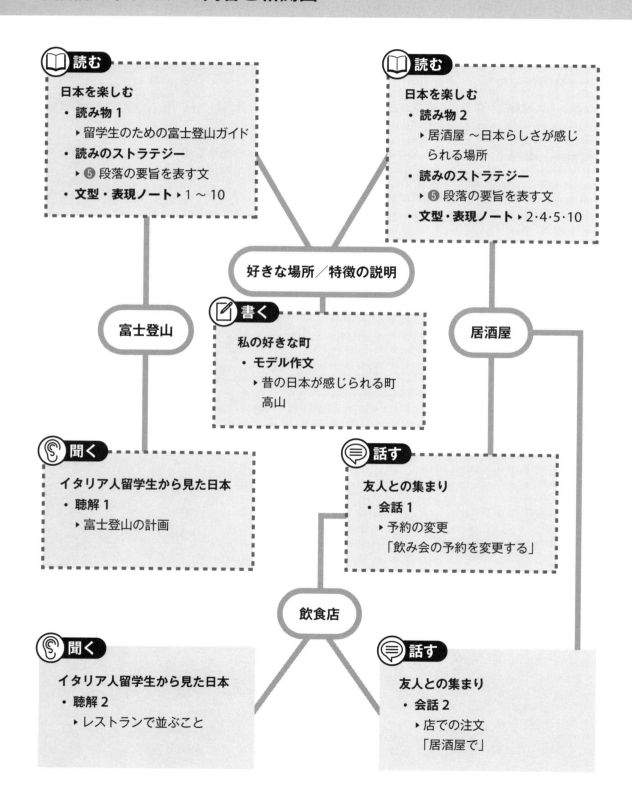

📖 **読む**

日本を楽しむ
- **読み物 1**
  - ▸ 留学生のための富士登山ガイド
- **読みのストラテジー**
  - ❺ 段落の要旨を表す文
- **文型・表現ノート** ▸ 1 ～ 10

📖 **読む**

日本を楽しむ
- **読み物 2**
  - ▸ 居酒屋 ～日本らしさが感じられる場所
- **読みのストラテジー**
  - ❺ 段落の要旨を表す文
- **文型・表現ノート** ▸ 2・4・5・10

好きな場所／特徴の説明

富士登山

✏️ **書く**

私の好きな町
- モデル作文
  - ▸ 昔の日本が感じられる町 高山

居酒屋

👂 **聞く**

イタリア人留学生から見た日本
- **聴解 1**
  - ▸ 富士登山の計画

💬 **話す**

友人との集まり
- **会話 1**
  - ▸ 予約の変更 「飲み会の予約を変更する」

飲食店

👂 **聞く**

イタリア人留学生から見た日本
- **聴解 2**
  - ▸ レストランで並ぶこと

💬 **話す**

友人との集まり
- **会話 2**
  - ▸ 店での注文 「居酒屋で」

授業時間の目安とポイント

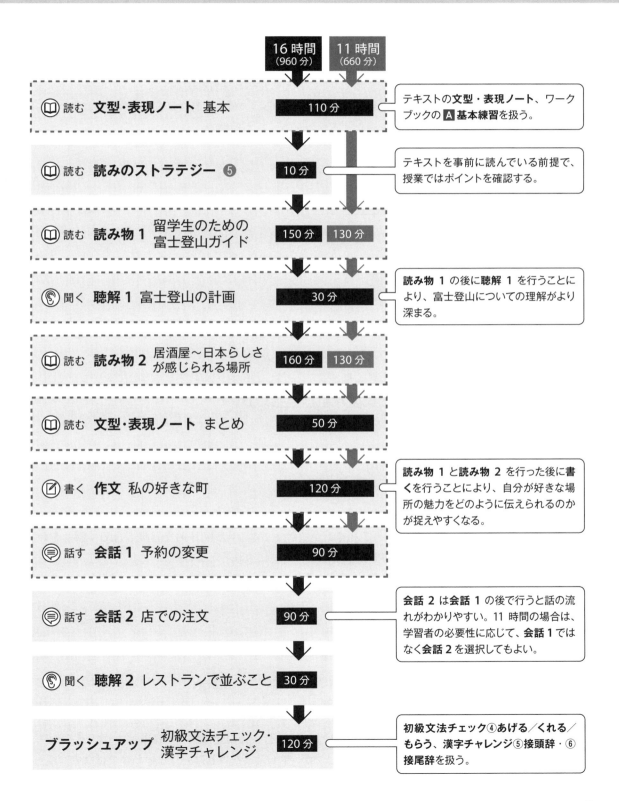

		16 時間（960分）	11 時間（660分）	
📖 読む	**文型・表現ノート** 基本	110分		テキストの**文型・表現ノート**、ワークブックの **A 基本練習** を扱う。
📖 読む	**読みのストラテジー ⑤**	10分		テキストを事前に読んでいる前提で、授業ではポイントを確認する。
📖 読む	**読み物1** 留学生のための富士登山ガイド	150分	130分	
👂 聞く	**聴解1** 富士登山の計画	30分		**読み物1** の後に**聴解1**を行うことにより、富士登山についての理解がより深まる。
📖 読む	**読み物2** 居酒屋～日本らしさが感じられる場所	160分	130分	
📖 読む	**文型・表現ノート** まとめ	50分		
✏️ 書く	**作文** 私の好きな町	120分		**読み物1**と**読み物2**を行った後に書くを行うことにより、自分が好きな場所の魅力をどのように伝えられるのかが捉えやすくなる。
💬 話す	**会話1** 予約の変更	90分		
💬 話す	**会話2** 店での注文	90分		**会話2**は**会話1**の後で行うと話の流れがわかりやすい。11 時間の場合は、学習者の必要性に応じて、**会話1**ではなく**会話2**を選択してもよい。
👂 聞く	**聴解2** レストランで並ぶこと	30分		
	ブラッシュアップ 初級文法チェック・漢字チャレンジ	120分		初級文法チェック④あげる／くれる／もらう、漢字チャレンジ⑤接頭辞・⑥接尾辞を扱う。

4 技能セクション別 教え方のヒント

読む 日本を楽しむ p.068

読みのストラテジー⑤ 段落の要旨を表す文 〈p.074

- **❶**を学習した後、実際に「どうすれば漢字が覚えられるか」「夏休みにどんなことをすべきか」などの学習者の状況に合わせた問いかけ文を与え、その答えを述べる練習をする。
- **❷**を学習した後、「私の国の最大の特徴は」のように「○○の最大の特徴は」まで学習者に提示し、その後に続く中心文と具体的な説明を書かせる練習をさせると効果的。

✎ **解答** 〈p.074

- 問いかけ文：
  いつ、どんなルートを登るのがいいのでしょうか。
- 「いつ」の答え：
  7月上旬から9月上旬まで。
- 「どんなルート」の答え：
  自分に合ったルート。

- ✎の練習問題は読み物本文を読む前に確認することもできるが、ワークブックの **B 読みのストラテジー▶練習**にも同じ質問があるため、その時に確認してもよい。

読み物 1 留学生のための富士登山ガイド 〈p.070

目標 ガイドやコラムを読んで、必要な情報がわかる。

読む前に 〈p.068

- 1. では、行ってみたいところや行ってみてよかったところなど、具体的な経験も含めて話し合わせる。可能なら来日経験がある学習者を最低1名グループに入れるとよい。
- 2. で、もし学習者が富士山に興味・関心がない場合は、これまでの登山経験について話し合わせることもできる。

読み物本文 〈p.070

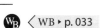 〈WB▶p.033

A 読み物1▶○×チェック
① (○) ② (○) ③ (×) ④ (○) ⑤ (×)
③ (行25-26) 日の出を見たければ、旅行会社の登山ツアーに参加すればガイドが案内してくれるので安心だが、申し込まなければいけないわけではない。
⑤ (行35-36) 富士山にはトイレは少ないが、ゴミ箱のようにないわけではない。

B 読みのストラテジー ▶ 練習

❺ 問いかけ文　いつ、どんなルートを登るのがいいのでしょうか。

→ 答え　（7月上旬）から（9月上旬）まで

（自分に合った）ルート

（※テキストの読みのストラテジー❺の練習問題✐と同じ問題）

問いかけ文　登山にはどのぐらい時間がかかるのでしょうか。

→ 答え　吉田ルートは（約6）時間

問いかけ文　登山にはどのような服を着ていくべきでしょうか。

→ 答え　（ダウンジャケット）（セーター）（丈夫な登山靴）

問いかけ文　その他には、どのようなことに気をつけたらいいでしょうか。

→ 答え　（トイレ）が少ないことと（ゴミ箱）がないこと

■ タイトル・第1・2段落 (行 1-9)

- 本文を読む前に様々な富士山の写真、富士山が描かれている千円札、富士山がどこにあるかがわかる日本地図などを見せるとよい。

(行 1-2) 日本にいる…富士山です。

Q 「場所」を修飾する部分はどこからどこまでか。

A 「日本にいるうちに」から「訪れてほしい」まで。

(行 2-4) 富士山は…県境にあります。

Q 富士山はどこにあるか。

A 山梨県と静岡県の県境にある。

(行 4-8) 日本人にとって…多くなってきています。

Q 「愛されて」「描かれて」「登録された」は何形か。

A 受身形

Q 何が「愛されて」いたり、千円札に「描かれて」いたり、世界文化遺産に「登録された」りしているのか。

A 富士山

 WB ▶ p. 034

C 読み物1 ▶ 内容質問

1. 「外国からの登山客も多くなってきています」(行 7-8) とありますが、それはどうしてですか。

2013年に世界文化遺産に登録されたからです。

- 学習者が知っている世界文化遺産や出身国で世界文化遺産に登録されているものや事柄について話し合わせる。

■ 第3段落 (行10-15)

- ワークブック p. 33 の問いかけ文と答えを確認しつつ読み進めるようにするとよい。

> ⟨WB ▶ p. 034
> **C　読み物 1 ▶ 内容質問**
> 2. 登山バスに乗れるのはいつですか。
> 　**7月上旬から 9 月上旬までです。**

■ 第4・5段落 (行16-27)

(行18-20) 例えば…約 6 時間かかります。

　Q 「吉田ルート」はどんなルートか。

　A 登る人が最も多いルート

(行20-23) そのため、…一般的です。

　Q 「山頂」とは何か。

　A 山の頂上（一番高いところ）

　Q 「下山する」とはどういうことか。

　A 山を下りる（山の高いところから低いところに向かう）こと。

> ⟨WB ▶ p. 034
> **C　読み物 1 ▶ 内容質問**
> 3. 吉田ルートで登って山頂で「ご来光」を見たい人は、一般的にどうしますか。
> 　**1 日目は山頂に近い山小屋に泊まり、次の日の朝、山頂で日の出を見ます。**

(行24) 山頂から…思い出になるでしょう。

　Q 「一生の思い出になる」とはどういう意味か。

　A 死ぬまで忘れられない大切な思い出になるという意味。

> ⟨WB ▶ p. 034
> **C　読み物 1 ▶ 内容質問**
> 4. 「初めて登る人でも安心です」(行25-26) とありますが、どうすれば安心ですか。
> 　**旅行会社の登山ツアーに参加すれ**ば安心です。

(行26-27) 富士登山は…予約しておきましょう。

　Q どうしてツアーや山小屋はなるべく早く予約しておいたほうがいいのか。

　A 富士登山は人気があるから。

■ 第6段落 (行28-33)

(行29) 登山の計画を…服です。

- 「計画を立てる」ではなく「計画を作る」という学習者がいるので注意する。「予定を立てる」と「計画を立てる」の違いについては、前者はこれから行うことを事前に決めておくことに対し、後者はそのための手順や方法を予め具体的に決めておくことにあることを説明。

(行 30) 夏だからといって…限りません。

- この読み物での「夏」というのは一般的な登山期間である 7 月上旬から 9 月上旬までを指していることをまず確認する。可能であれば、その時期の山梨県や静岡県の気温の推移などをデータで示す。その上で、「夏だからといって、雪が降らないとは限りません」の意味を雪が降る可能性があるのかないのかの二者択一で学習者に選ばせるとよい。「限る」という語彙の本来の意味も合わせて確認する。

(行 30-32) 山頂は…忘れないようにしてください。

    Q どうしてダウンジャケットやセーターなどを忘れないようにしたほうがいいのか。

    A 山頂は 0 度以下になることがあるから。

- 学習者の出身国によって摂氏（℃）を使うか華氏（℉）を使うかが異なるため、気温や体温の換算に留意が必要。日本は摂氏。

> 〈 WB ▶ p. 034
>
> **C** **読み物 1 ▶ 内容質問**
>
> **5.** 富士山に登る時には、①どんな靴が必要ですか。②それはどうしてですか。
>
>   ① 丈夫な登山靴が必要です。
>
>   ② 山頂の近くは岩が多いからです。

(行 33) 安全のために…用意しておきましょう。

    Q 何を用意しておいたほうがいいのか。

    A 丈夫な登山靴。

■ 第 **7・8** 段落 (行 34-40)

(行 35) その他には…いいでしょうか。

    Q 「気をつける」を他の言葉で何と言うか。

    A 注意する。

> 〈 WB ▶ p. 034
>
> **C** **読み物 1 ▶ 内容質問**
>
> **6.** 「その時に行っておいたほうがいい」(行 36) とありますが、①「その時」とはどんな時を指しますか。②どこに行っておいたほうがいいのですか。
>
>   ① トイレを見つけた時を指します。
>
>   ② トイレに行っておいたほうがいいです。
>
> **7.** 「登山客が守るべきルール」(行 38) とは、どんなことですか。
>
>   山を汚さないようにすることです。

(行 39-40) 準備を…味わってください。

    Q 「感動を味わう」を他の言葉で何と言うか。

    A 感動を心から楽しむこと。

- p. 71 の「富士登山の服装と持ち物」のイラストを見ながら、どうしてこのような服装や持ち物が必要とされるのかグループで話し合うとよい。

読んだ後で 〈p. 068

- 3. 解答例

  登山期間は7月上旬から9月上旬までの約2カ月で、登山ルートは全部で4つあるので自分に合ったルートを調べて選ぶべきだ。山頂は0度以下になることがあるので、ダウンジャケットやセーターなどの暖かい服装が必要だ。また、富士山にはトイレが少ないし、ゴミ箱はないので気をつけたほうがいい。

- 4. の「象徴」には文化、人物、動物、食べ物、花などいろいろなものが含まれるが、まずは世界遺産に登録されている場所やものを思い出させるとよい。

- 5. は、4. で挙げられた場所やもので問題となっていることを考えさせるとアイデアが出てきやすい。

- 発展活動として、日本のどこにどんな世界遺産があるのか調べて発表させてもよい。

📖 読み物 2　居酒屋〜日本らしさが感じられる場所〜 〈p. 073

目標	ガイドやコラムを読んで、必要な情報がわかる。

読む前に 〈p. 069

- 1. では、来日経験がある学習者がいれば、例えば日本では一般的にチップの習慣がないことや水が無料で提供されることなど母国との違いについても話させるとよい。またレストランに行くことについて話す前に「外食する」「割り勘」などの語彙も紹介するとよい。

- 2. では、レストランにあるどんなものが自分の国らしいと感じるのか、改めて考えさせるきっかけとしてほしい。同じ国や地方出身の学習者同士をペアにするとアイデアが出てきやすい。

読み物本文 〈p. 073

>  〈WB ▶ p. 035
>
> **A　読み物2 ▶ ○×チェック**
>   ①（○）　②（✕）　③（✕）　④（✕）　⑤（○）
>   ②（行3-5)「様々な客」の中に会社帰りのサラリーマンが含まれている。
>   ③（行10-12) 普通の飲食店と同じようにサラダやデザートがある。
>   ④（行21-23)「店が閉まるまで」ではなく、90分などと決められた時間内にお酒が好きなだけ飲める。
>
> **B　読みのストラテジー ▶ 練習**
> ❺　一つめの特徴は料理もお酒も種類が多いことだ。
>   二つめの特徴として考えられるのは、その安さだ。
>   何といっても最大の特徴は、居酒屋が交流の場になっていることだ。

■ タイトル・第1段落 (行1-7)

(タイトル) 居酒屋〜日本らしさが感じられる場所〜

- 本文を読む前に居酒屋のカラー写真やメニューなど、居酒屋の楽しい雰囲気が伝わるものを用意

しておくとよい。また「忘年会」「新年会」などの文字が入ったチラシもあるとよい。

- チェーンの居酒屋にはどんな店があるのか調べさせたり、それらの店に行ったことがあるかなどの質問をしたりするとよい。

(行 3-5) そんな時は…人気がある。

Q「そんな時」とはどんな時か。

A 安い値段で料理やお酒を楽しみたい時や友達と仲よくなる機会を作りたい時や日本らしさを感じたい時。

> 〈WB ▶ p. 036
>
> **C** **読み物 2 ▶ 内容質問**
> **1.** 居酒屋はどんな人に人気がありますか。
> 　学生や会社帰りのサラリーマン、主婦、家族連れなど、様々な人に人気があります。

■ 第 2 段落 (行 8-16)

(行 8-10) 席に着き、メニューを…気がつくだろう。

Q「そのこと」とは何を指すか。

A 居酒屋には料理もお酒も種類が多いこと。

(行 10-12) サラダやデザートが…たくさんある。

Q 居酒屋が普通の飲食店と変わらないのはどんな点か。

A サラダやデザートがあること。

> 〈WB ▶ p. 036
>
> **C** **読み物 2 ▶ 内容質問**
> **2.** 2段落目には、居酒屋と普通の飲食店では何が違うと書かれていますか。2つ書きなさい。
> 　① 「おつまみ」と呼ばれるお酒に合う料理がたくさんある ことです。
> 　② ビールやワインの他に、日本酒やチューハイなど、いろいろなお酒が注文できる ことです。

(行 14-16) ジュースやお茶などの…楽しむことができる。

Q どうして居酒屋はお酒が飲めない人でも楽しむことができるのか。

A ジュースやお茶などのソフトドリンクもあるから。

■ 第 3 段落 (行 17-23)

> 〈WB ▶ p. 036
>
> **C** **読み物 2 ▶ 内容質問**
> **3.** 「あまりお金がない時でも安心して食べたり飲んだりできる」(行 19-20) とありますが、それはどうしてですか。
> 　料理も飲み物も安いため、注文する時に値段を気にしなくていいからです。

(行 20-23) さらに…好きなだけ飲める。

Q どうしてお酒を飲む量が多い人は「飲み放題」というシステムを覚えておくといいのか。

A 決まった金額を払えば、決められた時間内に何種類ものお酒が好きなだけ飲めるから。

> Ⓦ〈WB▶p.036
>
> C 読み物2▶内容質問
>
> 4.「飲み放題」(行21) とは何ですか。
> <u>決まった金額を払えば、決められた時間内に何種類ものお酒が好きなだけ飲めるシステム</u>のことです。

■第4段落 (行 24-32)

(行 24-25) しかし、…場になっていることだ。

Q 「交流の場」とはどんな場所のことか。

A 人々が集まって一緒に楽しい時間を過ごすことができる場所

> Ⓦ〈WB▶p.036
>
> C 読み物2▶内容質問
>
> 5. どうして居酒屋はグループで集まるのに便利なのですか。
> <u>どの店にもたいてい個室がある</u>からです。

(行 26-28) 例えば、…よく使われる。

Q 何がどのように「よく使われる」のか。

A 居酒屋がグループで集まる場所としてよく使われる。

> Ⓦ〈WB▶p.036
>
> C 読み物2▶内容質問
>
> 6.「打ち上げ」(行28) とは何ですか。
> <u>プロジェクトやイベントの後の飲み会（パーティー）</u>のことです。

(行 28-29) 年末の「忘年会」や…開かれる。

Q 「年末」や「年始」とは、一般的にいつ頃のことか。

A 「年末」は12月の中旬から下旬、「年始」とは1月の上旬から中旬のこと。

(行 29-32) そういう集まりで…チャンスにもなる。

> Ⓦ〈WB▶p.036
>
> C 読み物2▶内容質問
>
> 7.「そういう集まり」(行29-30) とは何を指しますか。
> <u>「飲み会」「打ち上げ」「忘年会」「新年会」など</u>を指します。

Q 「わいわい話す」とはどんな雰囲気のことか。

A グループの人達と楽しく話す雰囲気。

Q 「ストレス解消」とはどういう意味か。

  A たまっていたストレスが少なくなったり、なくなったりすること。

■ 第5段落 (行33-36)

(行33-34) このように…それが居酒屋だ。

Q 「交流が深められる場所」とはどんな場所のことか。

  A いろいろな人達と親しくなれる場所のこと。

Q 「深められる」は何形か。

  A 「深める」の可能形。

(行34-36) あなたもぜひ…感じてみてほしい。

Q 「居酒屋に足を運ぶ」とはどういう意味か。

  A 居酒屋に行くこと。

読んだ後で p. 069

- 3. 解答例

  一つめの特徴は、料理もお酒も 種類 が多いこと、二つめの特徴は料理もお酒も 値段 が安いこと、そして三つめの最大の特徴は居酒屋が 交流 の場になっていることだ。

- 4. は、居酒屋に行った経験がない学習者も読み物の内容と照らし合わせながら、ペアやグループで議論を進めるとよい。もしくは居酒屋の特徴のうち、特に魅力を感じる点について話し合いをさせるのも一案。

- 5. は、どんな時に人と集まって楽しく飲んだり、食べたり、話したりするのかを考えさせると多くのアイデアが出る。

- 発展活動として、実際に居酒屋に行かせ、読み物には書かれていない点についての気づきを口頭または作文でレポートさせるとおもしろい。ただし、宗教的な理由などで居酒屋に抵抗を感じる学習者がいる場合は、アニメ、ドラマなどで居酒屋の場面を見て、気づいた点を報告させてもよい。

書く

私の好きな町 p. 082

| 目標 | • ある場所の特徴についての説明文が書ける。 |

| 留意点 | • 書く前にのタスク（1）（2）（3）はまずペアで話し合わせるとアイデアが出てきやすい。もしアイデアが出ない場合は、これまで旅行で行ったことがある町を思い出させ、どうしてその町が気に入ったのかなどの理由を説明させるようにするとよい。 |

• 書くポイントの1「タイトルでトピックを紹介する」では、まず学習者に好きな町や紹介したい町をトピックとして挙げさせ、次にその町はどんな町なのか、**読みのストラテジー❶**で勉強したことを思い出させてタイトルとする。

• 書くポイントの2は、**読みのストラテジー❺**で勉強した中心文であることをまず伝える。**書く前にのタスク**の（2）と（3）がそのまま**書くポイント2**に当たること、紹介したい特徴が段落のはじめに来る中心文となることを伝え、その後に具体的な例や説明を書くように伝えるとスムーズに導入できる。

• 可能であれば、一人一人が違う町を紹介できるようにするとよい。

| 発展活動 | • 「私の好きな町」を写真とともに紹介・発表する。 |

• 発表後、どの町に行ってみたくなったかをクラスで投票する。

話す

友人との集まり p. 084

| 目標 | 会話1：電話で予約の変更ができる。 |

会話2：店でメニューについて質問し、注文できる。

| 留意点 | 会話1：一般的に言って、電話での会話はフォーマルなものが多いことに留意。すでに予約をしている場合は、まず予約の日時と自分の名前を述べることを伝える。「予約の変更をしたいんですが」「お願いしたいんですが」などの言いさし表現のイントネーションを練習する。また店員の「かしこまりました」「ご予約のテイラー様ですね」「お二人様」「少々お待ちください」「お待たせいたしました」「よろしいでしょうか」「お待ちしております」のような表現や敬語にも注意を向けさせる。 |

会話2：聞く前に「ちゃんこなべ」の写真や居酒屋のメニューを見せ、なべに入っているものや飲み物の語彙を確認しておくとよい。

| 発展活動 | 会話1：実際に日本語が通じるレストランに予約の変更をする電話をかけ、それを録音するよう指示し、モデル会話とどの部分が同じだったか、異なっていたかを発表させる。 |

会話2：p. 96にあるメニューを使用し、まず居酒屋での店員と客のミニスキットを作り、実際にロールプレイを行う。ロールプレイを発表する際はメニュー部分をプロジェクターで映すなど、クラス全員が見られるよう工夫する。

聞く イタリア人留学生から見た日本 p.097

目標	聴解1：富士山登山ルートの情報を見ながら会話を聞き、内容が理解できる。
	聴解2：スピーチを聞き、並ぶことについての意識が国によってどう違うかがわかる。

留意点	聴解1：聞く前に、4つの登山ルートの名称、それぞれの特徴、他のルートとの大きな違いはどこかをよく見ておくとよい。
	聴解2：内容確認の後、どうしてアンドレアは日本人が行列に並ぶことを大変なことではないと感じたのかについても確認するとよい。

発展活動	聴解1：もし富士登山をするなら、どんな理由でどのルートを選ぶかを話し合う。これまでに登山経験があれば、どんな点が大変だったかについても思い出させるとよい。
	聴解2：p. 98 にある「待ち時間」の意識調査結果を見ながら、どんな状況下ならどれぐらい行列に並べるのか、並んでもいいと思うのか、また実際にこれまでにどれぐらい並んだ経験があるかについて各自で考えた後、ペアで話し合う。その後、学習者の国で同じ調査をしたらどのような結果になるか、また、日本の結果とは違いがありそうな部分はどこかなどをグループでディスカッションする。

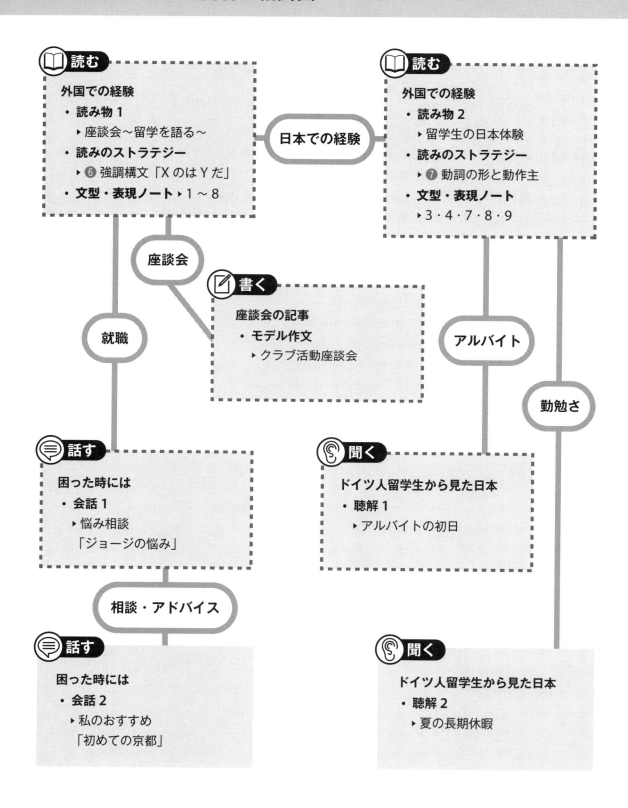

読む

外国での経験
- 読み物1
  ▸ 座談会〜留学を語る〜
- 読みのストラテジー
  ▸ ❻ 強調構文「X のは Y だ」
- 文型・表現ノート ▸1〜8

読む

外国での経験
- 読み物2
  ▸ 留学生の日本体験
- 読みのストラテジー
  ▸ ❼ 動詞の形と動作主
- 文型・表現ノート
  ▸3・4・7・8・9

日本での経験

座談会

就職

書く

座談会の記事
- モデル作文
  ▸ クラブ活動座談会

アルバイト

勤勉さ

話す

困った時には
- 会話1
  ▸ 悩み相談
  「ジョージの悩み」

聞く

ドイツ人留学生から見た日本
- 聴解1
  ▸ アルバイトの初日

相談・アドバイス

話す

困った時には
- 会話2
  ▸ 私のおすすめ
  「初めての京都」

聞く

ドイツ人留学生から見た日本
- 聴解2
  ▸ 夏の長期休暇

授業時間の目安とポイント

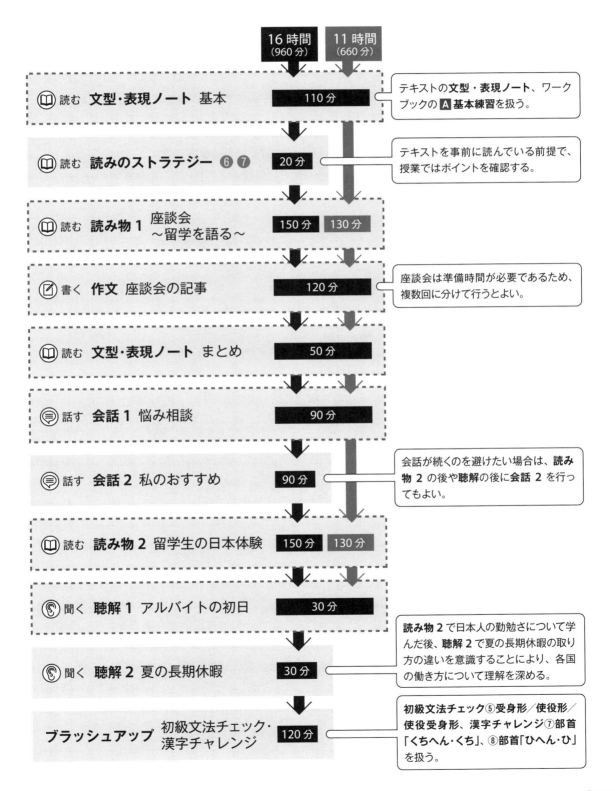

16 時間
（960 分）

11 時間
（660 分）

📖 読む **文型・表現ノート** 基本 　110分
→ テキストの**文型・表現ノート**、ワークブックの **A 基本練習**を扱う。

📖 読む **読みのストラテジー ❻ ❼** 　20分
→ テキストを事前に読んでいる前提で、授業ではポイントを確認する。

📖 読む **読み物 1** 座談会 〜留学を語る〜 　150分　130分

✏️ 書く **作文** 座談会の記事 　120分
→ 座談会は準備時間が必要であるため、複数回に分けて行うとよい。

📖 読む **文型・表現ノート** まとめ 　50分

💬 話す **会話 1** 悩み相談 　90分

💬 話す **会話 2** 私のおすすめ 　90分
→ 会話が続くのを避けたい場合は、**読み物 2** の後や**聴解**の後に**会話 2** を行ってもよい。

📖 読む **読み物 2** 留学生の日本体験 　150分　130分

👂 聞く **聴解 1** アルバイトの初日 　30分

👂 聞く **聴解 2** 夏の長期休暇 　30分
→ **読み物 2** で日本人の勤勉さについて学んだ後、**聴解 2** で夏の長期休暇の取り方の違いを意識することにより、各国の働き方について理解を深める。

ブラッシュアップ 初級文法チェック・漢字チャレンジ 　120分
→ **初級文法チェック⑤受身形／使役形／使役受身形、漢字チャレンジ⑦部首「くちへん・くち」、⑧部首「ひへん・ひ」**を扱う。

4 技能セクション別 教え方のヒント

 読む **外国での経験** < p. 100

読みのストラテジー⑥ 強調構文「X のは Y だ」< p. 106

- ❶を確認した後、例文を与えて (a) ～ (c) のように強調するものを変えて「X のは Y だ」の形にする
  パターン練習をしてもよい。
- ❷(b) を例に「驚いたこと」や「大変だったこと」などを話させたり、書かせたりしてもよい。

✏ **解答** < p. 106

実際に経験することは、他の国の言語や文化を学ぶ時に何よりも一番重要です。

（または、他の国の言語や文化を学ぶ時に何よりも実際に経験することは、一番重要です。）

読みのストラテジー⑦ 動詞の形と動作主 < p. 107

- 「受身」「使役」「使役受身」を扱うため、先にブラッシュアップの初級文法チェック⑤でそれぞれの使
  い方や意味を復習しておくとよい。
- 教科書の説明を理解し、練習問題の答えをチェックする。

✏ **解答** < p. 107

おじぎやあいさつの練習をしたのは、筆者

- ✏の練習問題は読み物本文を読む前に確認することもできるが、ワークブックの **B** 読みのストラテ
  ジー▶練習にも同じ質問があるため、その時に確認してもよい。

📖 **読み物 1** **座談会～留学を語る～** < p. 102

| 目標 | 座談会の記事を読んで、出席者それぞれの意見がわかる。 |

読む前に < p. 100

- **1.** は、大学以外の教育機関の場合、大学をその教育機関に読み替えて予想させる。クラス全員が同じ
  大学に所属している場合は、どの国からの留学生がどのくらいいるか予想させてから、教師がデータ
  を提示し、予想と実際を比較させてもよい。海外の大学からの交換留学生が集まるクラスの場合は、
  母国の大学の留学生の比率を調べさせてもよい。
- **2.** は、留学経験がなく、思いつきにくい場合はヒントとなる言葉を提示したり、質問をしたりしても
  いい。例えば、「よい点」では「日本語」「文化」「生活」「習慣」などを提示し、「気をつけるべき点」は
  「留学することになったら、どんなことを心配すると思うか」のように質問の形にすることもできる。

読み物本文 〈p. 102

〈WB ▶ p. 045

A　読み物1▶○×チェック

①（×）　②（○）　③（○）　④（○）　⑤（×）

① (行 13-14) 一番大切なのは授業ではなく、実際に経験すること。

⑤ (行 48-49) 留学したら、卒業前に就職活動ができなくなるのではなく、就活の期間が短くなってしまう。

B　読みのストラテジー▶練習

(1) <u>実際に経験すること</u>は、他の言語や文化を学ぶ時に何よりも一番重要です。

（※テキストの読みのストラテジー❻の練習問題🖊と同じ問題）

(2) <u>お金のこと</u>は、何と言っても留学する時に問題になります。

■ リード (行 1-4)

(行 1-4) 現在、日本に留学している…について、話し合ってもらいました。

- この座談会は日本で行われていること、ゴミスさんパクさんの2人は留学生の立場から、本田さんと高橋さんはアメリカ留学経験者の立場から「留学」についての考えを述べていることを確認する。

■ 全体 (行 5-51)

- それぞれの意見を細かく精読する前に、まず全体の内容を把握しておく。

〈WB ▶ p. 046

C　読み物1▶内容質問

1. 留学について、4人の学生はそれぞれどんな意見を持っていますか。意見の違いに気をつけながら、下のまとめを完成させなさい。

Ａ よい点

ゴミス	・ 日本語が<u>どんどんうまくなる</u>こと
パク	・ 自分から<u>積極的に</u>行動すればするほど、日本のことをもっと<u>深く知る</u>ことができること
高橋	・ <u>多様な価値観</u>に触れられること ・ 日本や自分自身を<u>外から見られる</u>ようになること
本田	・ 経験を積んで、自分の<u>視野を広げる</u>ことができること ・ 自分に<u>自信</u>がつくこと

Ｂ 気をつけるべきこと

パク	・ 留学する時に問題になるのは<u>お金</u>のこと
ゴミス	・ 気持ちが伝えられなくて<u>ストレス</u>を感じることが多いこと
本田	・ 卒業が<u>遅れてしまう</u>かもしれないこと
高橋	・ 日本の場合は、留学の時期と<u>就職活動</u>の時期が重なってしまうこと

■ **よい点　ゴミス** (行6-12)

(行8-10) これは…感じていることです。

　　Q ゴミスさんは日本に来て以来、何を感じているか。
　　A（日本にいると）日本語がどんどんうまくなること。

> **W̶B** ◀ WB ▶ p. 046
>
> **C** **読み物 1 ▶ 内容質問**
> 2. ゴミスさんは、留学すると特に何が早く上手になると言っていますか。それはどうして
>   ですか。
>   話すことと聞くことです。日本にいると、日常生活の中で日本語を使わなければい
>   けないからです。

　　Q 日本語がうまくなること以外の魅力は何か。
　　A 日本人と気軽に交流できること。

■ **よい点　パク** (行13-17)

(行13-14) 僕もそう思います。他の国の言語や文化を…実際に経験することです。

- 「そう思います」の「そう」が指す内容をゴミスさんの発言から具体的に抜き出すことができず、また複数の解釈ができるので注意が必要。「そう」の指す内容を直接確認するのは避け、ゴミスさんとパクさんの意見を比べて、類似点を考えさせるとよい。

(行16-17) 自分から積極的に…実感しています。

　　Q パクさん自身は、日本のことを深く知るために何をしたか。
　　A 広島の原爆ドームに行ったり、日本人の意見を聞いたりした。

■ **よい点　高橋** (行18-22)

(行18-22) 一番のメリットは、多様な価値観…見られるようになったと思います。

　　Q 「多様な価値観」は、高橋さんの場合、どのような人たちの価値観のことか。
　　A 世界中からアメリカに留学に来た人たちの価値観。

　　Q 「多様な価値観に触れられる」とは、どういう意味か。
　　A 様々な文化から来た人たちの考え方を知ることができるという意味。

> **W̶B** ◀ WB ▶ p. 046
>
> **C** **読み物 1 ▶ 内容質問**
> 3. 「このような経験」(行21) とは、どのような経験ですか。
>   世界中の人の様々な意見が聞けたり、日本とは違う生活様式や習慣を体験できたり
>   したことです。

- 「日本とは違う生活様式や習慣」には、例えばどのようなものがあるかを聞いてもよい。この場合は日米の違いなので、可能であればアメリカ出身の学習者を中心に聞く。例えば、部屋に土足で入ること、洗濯物を外に干さないこと、チップの習慣があること、レストランで持ち帰りが当たり前であることなどが挙げられる。

■ **よい点　本田** (行23-25)

(行23) 僕も同じ意見です。

> **Q** 「同じ意見」とはどのような意見のことか。
>
> **A** 留学のメリットは多様な価値観に触れて、自分の視野を広げることができることである、という意見。

(行24-25) それに、以前と比べると自分に自信がついたような気もします。

> **Q** 「以前」とはいつのことか。
>
> **A** 留学する前のこと。

■ **気をつけるべきこと　パク** (行27-32)

> **Q** パクさんは何に気をつけるべきだと言っているのか。2つ挙げなさい。
>
> **A** ・お金のこと。
>
> ・留学しているのに母語で話すこと。

(行29-30) それから、せっかく…非常に残念です。

- 文の構造を確認する。

> **Q** 何が「非常に残念」なのか。
>
> **A** せっかくお金をかけて留学しているのに母語で話す人がいること。

> **Q** だれが「非常に残念」だと感じているのか。
>
> **A** パクさんが「非常に残念」だと感じている。

> **Q** 人を修飾するのはどこからどこまでか。
>
> **A** 「せっかく」から「話す」まで。

(行30-31)「留学さえすれば、…正しくないかと。

- 「〜ないかと」の意味を確認する。

> **Q** 「正しくないかと」の後にどのような言葉が続くか。
>
> **A** 思います。

> **Q** 「正しくないかと思います」と「正しくないと思います」はどのような違いがあるか。
>
> **A** 「正しくないかと思います」のほうが、やわらかい表現。

(行32) お金や時間をむだに…ば、日本語で話すようにすべきです。

> **Q** 日本語で話さなければ「お金」や「時間」が無駄になるのはなぜか。
>
> **A** 留学中に母語で話したら、日本語がうまくならないから。

■ **気をつけるべきこと　ゴミス** (行33-39)

(行33-35) 確かに…心配で……。

- 「確かに〜。でも〜」のパターンを確認する。

> **Q** ゴミスさんはパクさんの意見に賛成しているか。反対しているか。
>
> **A** 反対している。

> **Q** 「授業にもなかなかついていけない」とあるが「授業についていく」はどういう意味か。
>
> **A** 授業のペースに遅れないで、ちゃんと内容を理解して、授業に参加できること。

Q 「なかなかついていけない」とはどういう意味か。

A 授業についていくことが難しく、簡単にはできないという意味。

(行 36-38) 自分の国の人としか話さないのは…と思います。

- 「もちろん〜が、〜」のパターンを確認する。

Q 「自分の国の人としか話さない」ことについてゴミスさんはどう思っているか。

A 時々ならいいと思っている。

 ‹ WB ▶ p. 046

C **読み物 1 ▶ 内容質問**

4. ゴミスさんは、ホームシックになりたくなかったら何をしたほうがいいと考えていますか。

 時には自分の国の人と一緒に時間を過ごしたほうがいいと考えています。

■ 気をつけるべきこと　本田 (行 40-43)

(行 40-42) 僕は留学した後で…からです。

Q アメリカに留学したために、日本の大学の卒業が遅れてしまうかもしれないのはなぜか。

A 留学先の学生ほど、自由に授業が取れない場合があるから。

■ 気をつけるべきこと　高橋 (行 44-51)

(行 44-46) 日本人学生が注意すべき点は…3 年生の時です。

- 日本の就職活動は独特のシステムで学習者には馴染みがないものなので、就職活動のスケジュールを見せて説明するのがよい。

※ この読み物が書かれた 2019 年当時は、政府主導で就職・採用日程が決められていた。その日程では、3 年生の 3 月から企業説明会やエントリーが始まり、4 年生の 6 月から選考を開始することになっている。そのため、3 年生の 6 月ごろから企業研究やインターンシップを始めるのが一般的である。よって、日本の大学生の一般的な留学時期（3 年生の秋〜 4 年の夏）と重なる。

※ しかし、実際には政府の策定した日程に従わず、3 年生の時から選考を始める企業もある。就職活動は多様化しており、今後大きく変化していく可能性もある。**読み物**に書かれている内容と現状が合わない場合は、上記のような、**読み物**が書かれた 2019 年当時の日程を紹介した後、教師が現状を紹介してもよい。

(行 46-48) それに…優先的に採用します。

 ‹ WB ▶ p. 046

C **読み物 1 ▶ 内容質問**

5. 日本の就活が海外の就活と違うのはどのような点ですか。

 企業が在学中の学生を優先的に採用する点です。

Q 「在学中の学生を優先的に採用」するとはどういう意味か。

A すでに卒業した人より、まだ大学を卒業していない学生を積極的に採用するという意味。

読んだ後で <p. 100

- **3.** 解答例

  留学のよい点は、 日常生活 の中で 日本語 を使わなければいけないこと、その国の人と交流したり、歴史的な場所に行ったりして 実際 に 経験 できること、多様な 価値観 に触れて 視野 を広げられることなどである。

  留学で気をつけるべき点は、 お金 の問題、同じ国の留学生と 母語 で話すこと、言葉の問題などがストレスになり、 ホームシック になること、 単位 が計画通りに取れないこと、日本人学生の場合は、 就活 の期間が短くなってしまうことなどである。

- **4.** で主張をやわらげて述べる表現（「～かなと思います」「～ような気がする」「～かと思う」「～かもしれません」「～でしょう」など）を読み物本文から探し、それを使わせて話し合いをさせるとよい。また、賛成派と反対派をペアにして、「確かに～。でも～。」「もちろん～が、～」のパターンを使って話し合わせるのも一案。

- **5.** の質問は書く活動の一部と重なる。ここでは扱わず、**書く**で好きなトピックを選んで座談会を行ってもよい。

📖 読み物 2 留学生の日本体験 <p. 105

目標	報告書を読んで、筆者が経験したことがわかる。

読む前に <p. 101

- **1.** は、自分の経験や感覚だけで答えるのではなく、それぞれの国や地域の調査を調べさせるとよい。

読み物本文 <p. 105

> WB ▶ p. 047
>
> **A** 読み物 2 ▶ ○×チェック
>
> ①（×）　②（×）　③（○）　④（×）　⑤（○）
>
> ①（行 7-14）初日にトレーニングを受けて「どうして？」と思っているので、アルバイトをする前から思っていたわけではないことがわかる。
>
> ②（行 7-16）初日は一日中トレーニングを受け、次の日にやっとホールに出してもらったので、初日はホールに出ていない。
>
> ④（行 16-18）「思ったほど楽ではない」とあるので、「大変ではない」ことはない。
>
> **B** 読みのストラテジー ▶ 練習
>
> (1) ① b　　② a　　（※テキストの読みのストラテジー❼の練習問題と同じ問題）
>
> (2) ① a　　② b　　③ a
>
> (3) ① a　　② c

■ タイトル (行1-2)

(行1) 日本でアルバイトを経験して

Q 「経験して」の後には、どのような言葉が続くか。（全体を精読したあとに質問してもよい。）

A 「わかったこと」「学んだこと」など

■ 第1段落 (行3-6)

(行3-4) せっかく日本に来たので、…と思っていた。

Q 筆者が日本で経験してみたいと思っていたことは、何か。

A アルバイト

 ◀ WB ▶ p. 048

C **読み物2 ▶ 内容質問**

1. 筆者はどうしてアルバイト先としてホテルを選んだのですか。理由を2つ書きなさい。
   ① ホテルで働くことにあこがれていたからです。
   ② 敬語の練習になると思ったからです。

■ 第2段落 (行7-14)

(行7-9) 初日は、…練習させられた。

Q トレーニングでは、何をしたか。

A 「いらっしゃいませ」「かしこまりました」などのあいさつがきちんとできるようになるまで練習した。

(行10-13)「アルバイトなのにどうして？」と思ったが、…必要があるからだ。

 ◀ WB ▶ p. 048

C **読み物2 ▶ 内容質問**

2. 「その理由」(行10) の「その」は何を指しますか。
   アルバイトなのに、おじぎやあいさつがきちんとできるようになるまで何度も練習させられたことを指します。

Q なぜ、おじぎやあいさつができるようになるまで練習させられたのか。

A アルバイトも社員と同じようにホテルを代表するスタッフの一人としてお客様に接する必要があるからだ。

Q だれが何をする必要があるのか。

A アルバイトがホテルを代表するスタッフの一人としてお客様に接する必要がある。

Q だれがだれに接するのか。どのように接するのか。

A アルバイトが客に接する。社員と同じように礼儀正しくプロとして接する。

(行13-14) どうりで、ホテルで働く人はみんな…わけだと思った。

Q どうしてホテルで働く人はみんな礼儀正しいのか。

A アルバイトもホテルを代表するスタッフの一人としてお客様に接する必要があるので、ホールに出る前にトレーニングを受けるから。

■ 第3段落 (行15-26)

(行15-16) 次の日、…説明してもらって、やっとホールに出してもらえることになった。

  Q 「説明してもらう」とあるが、だれが、だれに説明するのか。

  A ホテルのスタッフ（トレーナー）が筆者に説明する。

  Q 「ホールに出る」とは、つまり、何をすることか。

  A 客席まで料理を運んだり、客に注文を聞いたりして、対応すること。

(行18-20) 特に苦労したのは、…対応しなければならないことだった。

  Q ホールの仕事で筆者が特に苦労したのは、どんなことか。

  A 忙しい時も疲れている時も、いつもお客様の様子を見て笑顔で対応しなければならないことだ。

> ❮WB ▶ p.048
>
> Ⓒ **読み物 2 ▶ 内容質問**
> 3. 「お客様の様子をよく見て笑顔で対応しなければならない」(行19-20) とは、例えば、どのようにすることですか。本文の例を使って説明しなさい。
> お客様のグラスを見て、水が少なくなっていたら、<u>お客様に頼まれる前に入れに行くということです。</u>

(行24-26) 心の中では「早く帰ってくれればいいのに……」と思ったが、そんな時でも…というわけだ。

  Q 「早く帰る」のは誰か。

  A 閉店時間を過ぎても店に残っているお客様。

  Q どうして早く帰ってほしいと思ったのか。

  A お客様が帰らないと店の片づけを始められないから。

  Q そんな時とはどんな時か。

  A 閉店時間になっても、お客さんが帰ってくれない時

- 「客が一人でも残っていたら、店の片づけを始めてはいけない」という決まりについてどう思うか、自国ではどうか、いいサービスだと思うかなどを聞いてもよい。

■ 第4段落 (行27-35)

(行27-33) それから、…おしゃべりをしている人がいなかったことだ。

  Q 筆者が日本人の勤勉さについて気がついたことは何か。

  A ・仕事が始まる30分前に来て準備すること
   ・帰る時間になっても忙しい時は残って他のスタッフを助けること
   ・アルバイトの学生さえ自分から積極的にできることを見つけて熱心に働いていること
   ・お客様が少なくて暇な時でもおしゃべりをしている人がいないこと

> ❮WB ▶ p.048
>
> Ⓒ **読み物 2 ▶ 内容質問**
> 4. 日本人の勤勉さについて、筆者が一番驚いたことは何ですか。
> お客様が少なくて暇な時でも、おしゃべりをしている人がいなかったことです。

第**1**章 「中級日本語カルテット」について

第**2**章 「カルテット」を使った中級指導のヒント

第**3**章 各課の指導ポイント

(行33-35) 日本ではアルバイトのスタッフ…プロ意識を持って働いていると感じた。

    Q だれが「きちんと教育されてい」たのか。

      A （日本の）アルバイトのスタッフ

    Q だれが「プロ意識を持って働いている」のか。

      A （日本の）アルバイトのスタッフ

    Q だれが「感じた」のか。

      A 筆者

■ 第5段落 (行36-40)

(行36-38) このアルバイトを通して、…知ることができた。

 WB ▶ p. 048

C 読み物2 ▶ 内容質問

5. 筆者はレストランのアルバイトをして、何を知ることができましたか。3つ書きな
   さい。
   ① 日本人の礼儀正しさ
   ② 日本人の勤勉さ
   ③ 日本人のサービスについての考え方

    Q ①日本人の礼儀正しさ、②日本人の勤勉さ、③日本人のサービスについての考え方は、本文の
　　何行目から何行目に書かれているか。

      A ① 7-14 行目　　② 27-35 行目　　③ 15-26 行目

(行38-40) あこがれて始めた…これまで知らなかった…有意義な経験となった。

    Q 「これまで知らなかった日本人の一面」とは何を指すか。

      A 日本人の礼儀正しさ、日本人の勤勉さ、日本人のサービスについての考え方を指す。

    Q 「期待以上の有意義な経験となった」と言っているが、筆者はこのアルバイトに何を期待して
　　いたか。

      A 敬語の練習になると期待していた。

読んだ後で ◁ p. 101

- **3.** 解答例
  ワンさんは初日にあいさつとおじぎの トレーニング を受けて、アルバイトでもホテルの代表とし
  て 礼儀 正しくしなければいけないと思った。また、 客 のことを考えて 行動 しなければいけない
  のは大変だと感じた。そして、スタッフはみんな勤勉で、 プロ意識 を持って働いていることに気
  づいた。

- **4.** では、ワークブックCの5で確認した3つのポイント（①日本人の礼儀正しさ、②日本人の勤勉さ、
  ③日本人のサービスについての考え方）に分けて考えるように指示すると、具体的な答えが引き出し
  やすい。また、日本のレストランはチップ不要であるが、チップの有無がサービスに影響すると思う
  か考えさせてもよい。

- **4.** の後に時間があれば、読み物に書かれているレストランのサービスと自国のレストランのサービ

スはどちらのほうがいいと思うか、どちらのレストランで働きたいかなどを話し合ってもよい。

- **5.** は、話し合う前にアルバイトのメリット、デメリットを挙げさせてもよい。

■ ブラッシュアップ

初級文法チェック ⑤ 受身形／使役形／使役受身形 〈 p. 220

- 読みのストラテジー❼で「受身形／使役形／使役受身形」を扱うため、その前後にまとめて復習するとよい。「受身形／使役形／使役受身形」は初級で学ぶ文法であるが、中級、上級レベルでもその用法を理解し、適切に使いこなせる学習者は少ない。「受身形／使役形／使役受身形」の違いを理解していない学習者が多いクラスの場合、まず、読みのストラテジーを用いて、これらが使われている文を正しく理解できるかに焦点を当てて確認する。特に、助詞の違いで意味が大きく変わる場合もあるため、助詞に意識を向けさせる。その後、文の理解ができるようになったら、ブラッシュアップで使い方を確認し、ワークブックで産出の練習をするとよい。

座談会の記事 p. 116

目標 ・座談会で話したことをまとめられる。

留意点 ・座談会は事前準備をしっかり行う必要があるため、授業時間を十分に確保するのが望ましい。以下のように、3回に分けて行うとよい。

　　① 授業で導入（45分）

　　　　→ 宿題で座談会の準備

　　② 授業で座談会の実施（45分）

　　　　→ 宿題で作文を書く

　　③ フィードバックおよびクラスメートとの共有（30分）

・作文の前に座談会を行うため、他の課に比べて負担が大きい。授業時間が確保できない、または宿題として多くを求めることができない場合は、自分の意見を書かせるのみにするなど、学習者に合わせて調整するとよい。

・他のメンバーや自分が話した言葉をそのまま書くのではなく、書くポイントにある強調構文を使って読みやすくなるように工夫することを伝える。この強調構文は**読みのストラテジー⑥**で学習したものであることを伝えるとスムーズに進められる。

・本文やモデル作文にある賛成・反対の表現、意見を付け加える時の表現を取り上げて、座談会で使うように指示してもよい。

　賛成の表現：「私もそう思います」「私も同じ意見です」

　反対の表現：「確かに〜。でも〜」「もちろん〜が、〜」

　付け加える表現：「〜も、いい点の一つです」「他に問題となるのは〜です」

発展活動 ・他のグループの座談会の記事を読んで、どの意見に賛成か、または反対かを尋ね、意見を述べさせてもよい。

・時間がある場合は、「いい点」「気をつけるべき点」以外の質問について話し合わせてもよい。その場合、事前準備で質問を考え、座談会でどの質問から順に話し合うかも決めておくと、座談会がスムーズに進む。

困った時には p. 118

目標	会話 1：悩みを話してアドバイスを求めることができる。
	会話 2：相手に合わせたおすすめが教えられる。

留意点	会話 1：「相談する」と「相談に乗る」の意味を混同しやすいので注意する。また、「どうされますか」など敬語の表現の確認も行うとよい。
	会話 2：パート A の①（「～に興味ある？」「～が好き？」など）に対して否定的な答えが返ってきた場合は、①の質問を繰り返し、好みを探るよう指示する。その場でおすすめの場所の写真を検索して、見せながら説明してもよい。

発展活動	会話 1：相談した内容をもとに悩み相談の投稿のような作文を書かせても良い。また、クラスメートの悩み相談の投稿を読み、アドバイスを加えて、悩み相談の記事を作るのも一案。
	会話 2：おすすめの場所だけではなく、おすすめの映画、歌手、レストランなどで話題を変えて練習させてもよい。

ドイツ人留学生から見た日本 p. 130

目標	聴解 1：アルバイトのマニュアルを見ながら会話を聞き、内容がわかる。
	聴解 2：スピーチを聞き、長期休暇の取り方が国によってどう違うかがわかる。

留意点	聴解 1：聞く前にマニュアルの内容を確認しておく。「おしぼり」がわからない学習者がいるかもしれないが、聴解の中で説明されるので聞き取るように指示する。
	聴解 2：学習者の国籍が多様でない場合は、世界の中で夏休みが長い国や短い国、または年間の休暇の日数を調べさせてもよい。

発展活動	聴解 1：マニュアルを見て、自分の国のレストランのサービスと比較させる。
	聴解 2：自分の国と日本の平均労働時間を調べて、比較させてもよい。また、日本でワークライフバランスという言葉が一般的になっていることを紹介し、仕事とプライベートの理想的なバランスについて話し合わせてもよい。

4 技能セクションの内容と相関図

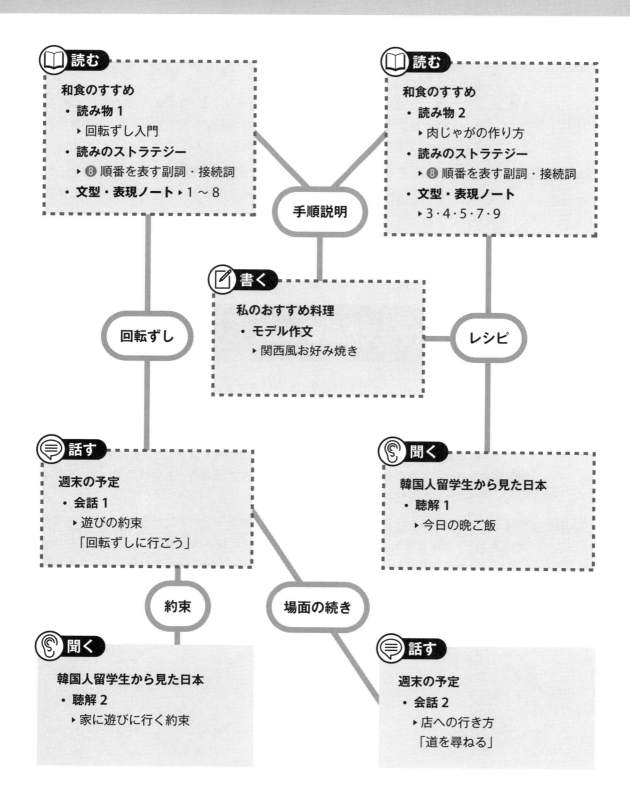

📖 **読む**

和食のすすめ
- **読み物 1**
  ▸ 回転ずし入門
- **読みのストラテジー**
  ▸ ❽ 順番を表す副詞・接続詞
- **文型・表現ノート** ▸ 1 ～ 8

📖 **読む**

和食のすすめ
- **読み物 2**
  ▸ 肉じゃがの作り方
- **読みのストラテジー**
  ▸ ❽ 順番を表す副詞・接続詞
- **文型・表現ノート**
  ▸ 3・4・5・7・9

手順説明

✍ **書く**

私のおすすめ料理
- **モデル作文**
  ▸ 関西風お好み焼き

回転ずし

レシピ

💬 **話す**

週末の予定
- **会話 1**
  ▸ 遊びの約束
  「回転ずしに行こう」

👂 **聞く**

韓国人留学生から見た日本
- **聴解 1**
  ▸ 今日の晩ご飯

約束

場面の続き

👂 **聞く**

韓国人留学生から見た日本
- **聴解 2**
  ▸ 家に遊びに行く約束

💬 **話す**

週末の予定
- **会話 2**
  ▸ 店への行き方
  「道を尋ねる」

授業時間の目安とポイント

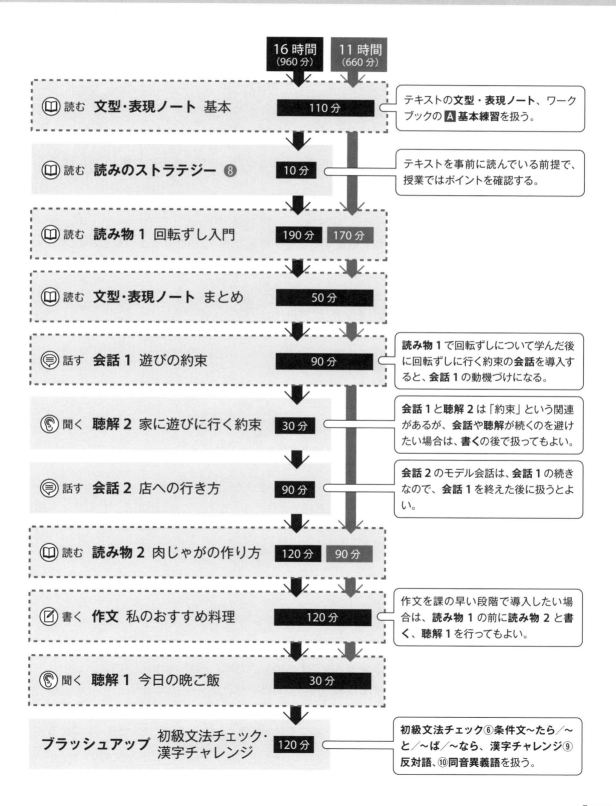

16 時間
（960分）

11 時間
（660分）

📖 読む　**文型・表現ノート　基本**　110分 ── テキストの**文型・表現ノート**、ワークブックの **A 基本練習**を扱う。

📖 読む　**読みのストラテジー　❽**　10分 ── テキストを事前に読んでいる前提で、授業ではポイントを確認する。

📖 読む　**読み物 1　回転ずし入門**　190分　170分

📖 読む　**文型・表現ノート　まとめ**　50分

💬 話す　**会話 1　遊びの約束**　90分 ── **読み物 1** で回転ずしについて学んだ後に回転ずしに行く約束の**会話**を導入すると、**会話 1** の動機づけになる。

🎧 聞く　**聴解 2　家に遊びに行く約束**　30分 ── **会話 1** と**聴解 2** は「約束」という関連があるが、**会話**や**聴解**が続くのを避けたい場合は、**書く**の後で扱ってもよい。

💬 話す　**会話 2　店への行き方**　90分 ── **会話 2** のモデル会話は、**会話 1** の続きなので、**会話 1** を終えた後に扱うとよい。

📖 読む　**読み物 2　肉じゃがの作り方**　120分　90分

✍️ 書く　**作文　私のおすすめ料理**　120分 ── 作文を課の早い段階で導入したい場合は、**読み物 1** の前に**読み物 2** と**書く**、**聴解 1** を行ってもよい。

🎧 聞く　**聴解 1　今日の晩ご飯**　30分

ブラッシュアップ　初級文法チェック・漢字チャレンジ　120分 ── **初級文法チェック⑥条件文~たら/~と/~ば/~なら**、**漢字チャレンジ⑨反対語**、**⑩同音異義語**を扱う。

和食のすすめ 〈p. 134〉

読みのストラテジー ⑧ 順番を表す副詞・接続詞 〈p. 141〉

- 例の「まず」「次に」など、順番を表す表現に続く下線部分だけを読ませ、下線部分だけでも ATM の使い方が理解できることを確認するとよい。

解答 〈p. 141〉

- 最初に何をするか：
  まずはじめに、画面の「にぎり」「巻物」「おすすめ」などのカテゴリーの中から見たいものを選んでタッチする。
- 2番目に何をするか：次に、その写真をタッチして、何皿注文するか入力する。

- ✐の練習問題は読み物本文を読む前に確認することもできるが、ワークブックの B 読みのストラテジーにも似ている質問があるため、その時に確認してもよい。

読み物 1 回転ずし入門 〈p. 136〉

目標 情報誌を読んで、和食の魅力がわかる。

読む前に 〈p. 134〉

- 1. は、どんなすしがあるか、おもしろいすしはあるか、どこで買えるか、どうして人気があるのか、ないのかなど様々な観点から話し合いをさせるとよい。
- 2. で、回転ずしに行ったことがない場合、行ってみたいか、なぜ行ってみたいかを聞くのも一案。回転ずし店のウェブサイトなどでメニューや店の様子を見せるなどして、教師が簡単に回転ずしの紹介をしてもよい。

読み物本文 〈p. 136〉

> **WB** 〈WB ▸ p. 057〉
>
> **A 読み物 1 ▸ ○×チェック**
>
> ① (○) ② (✗) ③ (✗) ④ (✗) ⑤ (✗)
>
> ② (行 12-13) 季節限定のネタがあるので、メニューは一年中同じではない。
>
> ③ (行 16-18) 回転ずしはお皿の色で値段がわかる。
>
> ④ (行 27-30) お茶はベルトコンベアで運ばれてくるのではなく、自分で用意する。
>
> ⑤ (行 48-49) お店の人が持ってくるのではなく、ベルトコンベアで運ばれてくる。
>
> **B 読みのストラテジー ▸ 練習**
>
> ① 見たい ② (注文したいものの) 写真 ③ 何皿

④「注文する」のボタン
（※①〜③はテキストの読みのストラテジー❽の練習問題✎と似ている問題）

■ リード (行 1-5)

(行 1-3) 以前、すしには高級なイメージ…安い値段ですしが食べられる。

> ❮WB▸ p. 058
>
> C **読み物 1 ▸ 内容質問**
>
> 1. 「そのイメージを変えたのが、回転ずしだ」(行 1-2) とありますが、①何が、②何のどんな
> イメージを変えましたか。
> ①回転ずしが②すしの高級なイメージを変えました。

(行 4-5)「一皿 100 円」という看板を見たら、…いるだろう。

- 回転ずしの値段は「一皿 100 円」から変化しつつある。今後も変わる可能性があるため、今はい
  くらぐらいか調べさせてもよい。

■ 回転ずしとは？ (行 6-18)

(行 7-9) 回転ずしの店に入ると…目に入ってくる。

  Q「目に入る」とはどういう意味か。
  A （見ようと思っていなくても）「見える」という意味。

(行 9-12) そのベルトコンベアで…自由に取って食べる。

> ❮WB▸ p. 058
>
> C **読み物 1 ▸ 内容質問**
>
> 2. 本文によると、回転ずしの店では、どうやってすしが客のところまで運ばれますか。
> ベルトコンベアで運ばれます。

(行 12-13) ネタの種類は豊富で…行くたびに楽しめるはずだ。

> ❮WB▸ p. 058
>
> C **読み物 1 ▸ 内容質問**
>
> 3. 「行くたびに楽しめる」(行 13) とありますが、どうしてですか。
> ネタの種類が豊富で、季節限定のネタや洋風の変わったネタもあるからです。

(行 14-15) また、すし以外に…増えてきている。

- すし以外にどのようなメニューがあるか、回転ずしのウェブサイトなどで調べさせてもよい。

(行 16-18) そして、回転ずしは通常、皿の色ごとに…安心して好きなものを選ぶことがで
きる。

  Q 高級なすし屋と回転ずしで、値段がわからないのはどちらか。
  A 高級なすし屋

Q 回転ずしでは、どうすれば値段がわかるか。

A お皿の色を見れば、値段がわかる。

■ 回転ずしの店に行ったら (行19-31)

(行22-23) 紙ではなくタッチパネルに数を入力する場合もある。

 ◁ WB ▸ p.058

C 読み物1 ▸ 内容質問

4. 「数を入力する」(行23) とありますが、何の数ですか。
   人数です。

(行25-26) 席が空くと…中に案内される。

Q 「呼ばれて」とあるが、だれが、だれに呼ばれるのか。

A 客がお店の人に呼ばれる。

Q 「中に案内される」とあるが、何の中に案内されるのか。

A 店の中に案内される。

(行27-31) 席に着いたら、お茶を用意しよう。…も準備しておくといい。

 ◁ WB ▸ p.058

C 読み物1 ▸ 内容質問

5. 筆者によると、席に座ったら何を準備しておくといいですか。4つ書きなさい。
   ①お茶と②しょうゆと③わさびと④ガリを準備しておくといい。

(行27-28) まず、席の近くに置いてある湯のみを取り、…入れる。

Q 「湯のみ」を修飾するのは、どこからどこまでか。

A 「席の」〜「置いてある」まで。

(行28-30) 次に、テーブルに付いているノズルから…ようになっている。

- テキストの「お湯を注ぐ」の写真を使って、「ノズル」のどこに黒いボタンがあるかを確認する。また、回転ずし店に行ったことがない学習者がいる場合、写真や動画を見せてもよい。

(行30-31) しょうゆとわさびと…も準備しておくといい。

- 「わさび」は本来すしネタの下にあるものだが、回転ずし店ではわさびを抜いた「さび抜き」のおすしが流れていて、ワサビを付けて食べることが多い。子供が多く利用するため、「さびあり」「さび抜き」の2種類を作るのは時間も手間もかかるため、といった理由が考えられるが、なぜ中に入れないのかを学習者に考えさせてもよい。

■ タッチパネルの使い方 (行32-51)

(行33-34) 食べたい時に食べたいネタが…注文できるタッチパネルだ。

 ◁ WB ▸ p.058

C 読み物1 ▸ 内容質問

6. 「そんな時」(行33) とは、どんな時ですか。

└─ 食べたい<u>ネタ</u>がベルトコンベアの上を<u>回っていない</u>時です。

(行36-38) まずはじめに、…見たいものを選んでタッチする。

    Q 「見たいもの」の「もの」は何を指すか。

    A カテゴリーを指す。

(行40-42) ネタの名前がわからなくても…写真が表示されているから安心だ。

    Q ネタの名前がわからない時はどうやって注文すればいいのか。

    A 写真を見て注文すればよい。

(行43-44) どれにするか決めたら、次にその写真を…何皿注文するか入力する。

> ‹ WB ▸ p.058 ›
>
> **C 読み物1 ▸ 内容質問**
>
>   7.「その写真」(行43) とありますが、何の写真ですか。
>
>   <u>注文したいもの</u>の写真です。

(行48-49) しばらくすると、「注文品」などと書かれた皿にのって、すしが流れてくる。

    Q ベルトコンベアで運ばれてくるすしと、タッチパネルで注文したすしは何が違うか。

    A タッチパネルで注文したすしは「注文品」などと書かれた皿にのっている。

(行50-51) 回転ずしの店は、…が、他の国とは一味違う本場の回転ずしを日本で体験してみよう。

- 日本の回転ずしは、他の国とは何が違うと思うか話し合わせてもよい。

読んだ後で ‹ p.134

- **3.** 解答例

  回転ずしでは、 ベルトコンベア で運ばれてくるすしを自由に取って食べることができる。食べたいものが流れていない時は、 タッチパネル を使って注文することもできる。 ネタ の種類が豊富で、季節限定のネタや変わったネタもある、また、 値段 が安く、高級店と違って値段がわかるので安心して食べることができるのは、魅力だ。

- **4.** では、すし屋を日本で開く場合と自国で開く場合に分けて考えさせる。それぞれの国の好みや材料に合わせてメニュー開発をさせ、企画会議のプレゼンテーションのようなことをしてもおもしろい。

- **5.** の質問の後に、「タッチパネル」の注文と、店員さんと直接話して注文するのとどちらのほうが好きか聞くのもよい。

目標 | 料理のレシピを読んで、作り方の順序がわかる。

読む前に ◁p.135

- **2.** は、母語で調べさせ、わかったことを簡単な日本語で発表させるとよい。

読み物本文 ◁p.139

> ᵂᴮ ◁WB▸p.059
>
> **A** 読み物 2 ▸ ○×チェック
>
> ① (○) ② (○) ③ (×) ④ (×) ⑤ (○)
>
> > ③ (行19-21) しょうゆを加える前に10分、後に10分煮るので、20分以上はかかる。
> >
> > ④ (行26) かつお節やこんぶを煮出した汁で「お湯」ではない。
>
> **B** 読みのストラテジー ▸ 練習
>
> (E) → (A) → (C) → (B) → (D) → (F)

■ リード (行1-4)

(行1) 日本の「家庭料理の定番」

　Q「家庭料理の定番」とはどういう意味か。

　　A 家庭でよく作られる料理という意味。

- 学習者の国の家庭料理の定番を聞いてもよい。ただし、「書く」でレシピを書く活動をするのでここでは写真を見せて説明する程度にとどめる。

(行4) 甘辛い味がご飯によく合います。

> ◁WB▸p.060
>
> **C** 読み物 2 ▸ 内容質問
>
> **1.**「肉じゃが」はどんな味ですか。何と一緒に食べるとおいしいですか。
>
> 　甘辛い味です。ご飯と一緒に食べるとおいしいです。

■ 材料 (行5-10)

- 「大さじ1」が15ccであることを確認する。計量スプーンやカップは国によって大きさが違うので注意する。可能なら「大さじ」と「小さじ」の実物を見せるとわかりやすい。
- ここでは関西風の肉じゃがを紹介しているため牛肉の薄切りを使うが、関東では豚肉を使うのが一般的である。同じ料理でも地域によって材料が異なるものがあると説明し、同じような例が自分の国にもあるか聞いてもよい。

■ 作り方 (行11-23)

- カルテットオンラインにあるビデオを見ながら、内容を確認していくとわかりやすい。

第**1**章

「中級日本語カルテット」について

第**2**章

「カルテット」を使った中級指導のヒント

第**3**章

各課の指導ポイント

 ⟨WB ▶ p. 060
C 読み物 2 ▶ 内容質問
2. 「肉じゃが」はどんな料理ですか。
「肉じゃが」は、牛肉、じゃがいも、にんじん、玉ねぎを<u>いためて</u>から、だし、酒、砂糖、みりん、しょうゆを入れた汁で<u>煮た</u>料理です。

■ **1** (行 11-14)

(行 11-14) じゃがいもは皮を…牛肉も食べやすい大きさに切ります。

- 「食べやすい大きさ」はどのぐらいかをビデオで確認するとよい（じゃがいもの場合、一辺が 3cm ぐらいの大きさ、牛肉の薄切りの場合、4 ～ 5cm 幅が、一般的な「食べやすい大きさ」）。
- 「にんじんは縦に半分に切ってから 5mm 幅に」とあるが、どのように切るのか、絵やイラストを描かせたあと、ビデオで確認するとよい。

■ **3** (行 18-20)

(行 19-20) すると、表面にアクが…10 分ぐらい煮ます。

- 「アク」とはどういうものかビデオで確認したあと、学習者の国ではアクを取るか聞いてもよい。

■ **4** (行 21-22)

(行 21) その後、しょうゆを加え…10 分煮ます。

- 料理に興味を持つ学習者が多い場合は、（しょうゆの後に砂糖を加えると、味が入らないため）和食では砂糖を入れたあとにしょうゆを入れることが多いことを説明してもよい。さらに、味付けの基本ルール「さしすせそ」を紹介してもよい。

(行 22) こげないように…火を調整しましょう。

Q 「こげる」とはどういう意味か。
A 熱しすぎて、黒くなるという意味。

■「だし」とは？ (行 25-28)

(行 26) かつお節やこんぶなどを…「だし（出汁）」と呼びます。

 ⟨WB ▶ p. 060
C 読み物 2 ▶ 内容質問
3. 「だし」とはどんなものですか。
「だし」とは、<u>かつお節やこんぶなどを煮出した汁</u>です。

(行 27-28) お湯に溶かすだけの便利な粉末タイプも人気があります。

 ⟨WB ▶ p. 060
C 読み物 2 ▶ 内容質問
4. 粉末タイプのだしはどうやって使いますか。
<u>お湯に溶かして使います。</u>

■ 余ったら「和風カレー」に (行 29-33)

(行 30-31) 余った肉じゃがに…和風カレーができます。

> ＜WB ▶ p.060
>
> C 読み物 2 ▶ 内容質問
> 5. 和風カレーはどうやって作りますか。
> 　　余った肉じゃがに水とカレールーを入れて煮込んで作ります。

読んだ後で ＜p.135

- **3.** 解答例

  まず、肉 と じゃがいも などの野菜を切っておきます。次に肉を いため ます。肉の色が変わったら野菜を入れて、さらにいためます。それから、だし、酒、砂糖 を加えて 10 分くらい 煮ます。その後、しょうゆ を入れて、さらに 10 分煮たら完成です。

- **4.** でさらに詳しく聞きたい場合、何年生の時に習うのか、どのような家庭料理を習うのかを説明させてもよい。日本の家庭科の授業について説明し、同じような授業があったかどうかを聞くのもよい。

- **5.** は、書くにつながる問いである。ここでは簡単な説明にとどめるようにする。

■ ブラッシュアップ

初級文法チェック ⑥ 条件文 ～たら／～と／～ば／～なら ＜p.224

- 「～たら／～と／～ば／～なら」は初級で学ぶ文法であるが、意味や用法の違いを理解できている学習者は多くない。この課の**読み物 1** には「昼ご飯や晩ご飯の時間帯に店に行くと」「席に着いたら」「ボタンを押せば」、**読み物 2** には「和食が好きな人なら」「肉の色が変わったら」「水とカレールーを入れて煮込めば」のように条件文が多く使われている。この機会にまとめて確認するとよい。

書く 私のおすすめ料理 p.149

目標 ・家庭料理のレシピが書ける。

留意点 ・モデル作文を読ませた後に、確認のためカルテットオンラインのビデオを見せてもよい。
- 書くポイントの 1 は読みのストラテジー ❽ で勉強した表現であることを伝えるとスムーズに導入ができる。
- 調理方法を説明するための語彙が必要になるため、p. 150 の書くポイント 3 にある動詞以外にも、「フライパン」「ボウル」など、レシピでよく使われる語彙を紹介するとよい。
- 計量スプーンや計量カップは国によって量が異なる（学習者に自国の計量スプーンや計量カップの量を聞いてみてもよい）ため、必ず cc や ℓ を使うように指示するとよい。
- 写真や絵をつけて提出させると、学習者の意図がわかり、フィードバックしやすい。

発展活動 ・レシピを発表し、実際に作ったものを持ち寄ってもよい。
- カルテットオンラインにある「肉じゃがの作り方」や「関西風お好み焼きの作り方」のビデオのような料理動画を作ってもよい。レシピ集を作るのもよい。

週末の予定　p. 152

目標	会話1：人を誘って、待ち合わせの約束ができる。
	会話2：道を聞くことができる。

留意点	会話1：ただ誘うだけでは初級の会話になってしまうため、誘いに積極的ではない相手を うまく説得することを目標の一つとする。また、「現地集合」「待ち合わせ」などの 表現も中級レベルに引き上げるポイントとなっている。
	会話2：・「道を尋ねる」ことができると同時に、教えてもらったことが理解できるかどう かが重要。そのため、タスク後に目的地の場所を地図上で必ず確認する。
	・新出語彙や表現が多いため、語彙指導を丁寧に行う必要がある。教師が p. 162 の駅構内図や p. 163 の地図を見せながら新出語彙を使って道案内を行い、学習 者に聞き取らせるといった練習をするとよい。
	・駅員や通行人は道を説明する必要があるが、わかりやすく道案内をするのはこの レベルではかなり難しい。そのため、自分で考えて説明するのではなく、p. 162 と p. 164 の四角で囲まれた説明スクリプトを読み上げるように指示する。読み 上げるのも難しい場合は教師が読み上げてもよい。

発展活動	会話1：タスクは誘いに積極的ではない相手を説得することだったが、逆に相手が誘いを 断ろうとしているとわかった場合、どのような言葉をかけるのがよいか話し合わ せてもよい。
	会話2：日本人のビジターセッションを行い、キャンパスマップなどを使って、日本人ビジ ターを相手に道を尋ねる練習をしてもよい。

韓国人留学生から見た日本　p. 166

目標	聴解1：レシピサイトを見ながら会話を聞き、内容がわかる。
	聴解2：スピーチを聞き、家を訪ねる際の約束の有無が国によって違うことがわかる。

留意点	聴解1：聞く前にレシピサイトの画面に書かれている内容を確認しておく。ここにはレシ ピはなく、料理名と材料が書いてある。
	聴解2：ディスカッションの1は「聞く前に」で扱ってもよい。

発展活動	聴解1：食材リストを与えて、今日の晩ご飯に何が作れるかペアで考えさせて、聴解のよう な会話のロールプレイをしてもよい。
	聴解2：家を訪ねる際に限らず、友達と約束する時の文化の違いを話し合ってもよい。

4 技能セクションの内容と相関図

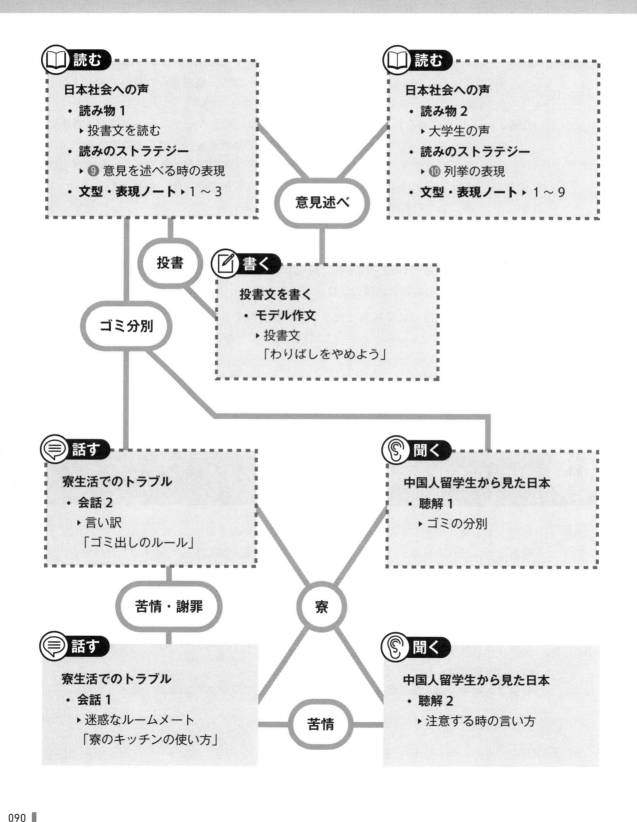

📖 **読む**

日本社会への声
- **読み物 1**
  ‣ 投書文を読む
- **読みのストラテジー**
  ‣ ❾ 意見を述べる時の表現
- **文型・表現ノート** ‣ 1 ～ 3

📖 **読む**

日本社会への声
- **読み物 2**
  ‣ 大学生の声
- **読みのストラテジー**
  ‣ ❿ 列挙の表現
- **文型・表現ノート** ‣ 1 ～ 9

意見述べ

投書

✏️ **書く**

投書文を書く
- **モデル作文**
  ‣ 投書文
  「わりばしをやめよう」

ゴミ分別

💬 **話す**

寮生活でのトラブル
- **会話 2**
  ‣ 言い訳
  「ゴミ出しのルール」

👂 **聞く**

中国人留学生から見た日本
- **聴解 1**
  ‣ ゴミの分別

苦情・謝罪

寮

💬 **話す**

寮生活でのトラブル
- **会話 1**
  ‣ 迷惑なルームメート
  「寮のキッチンの使い方」

苦情

👂 **聞く**

中国人留学生から見た日本
- **聴解 2**
  ‣ 注意する時の言い方

授業時間の目安とポイント

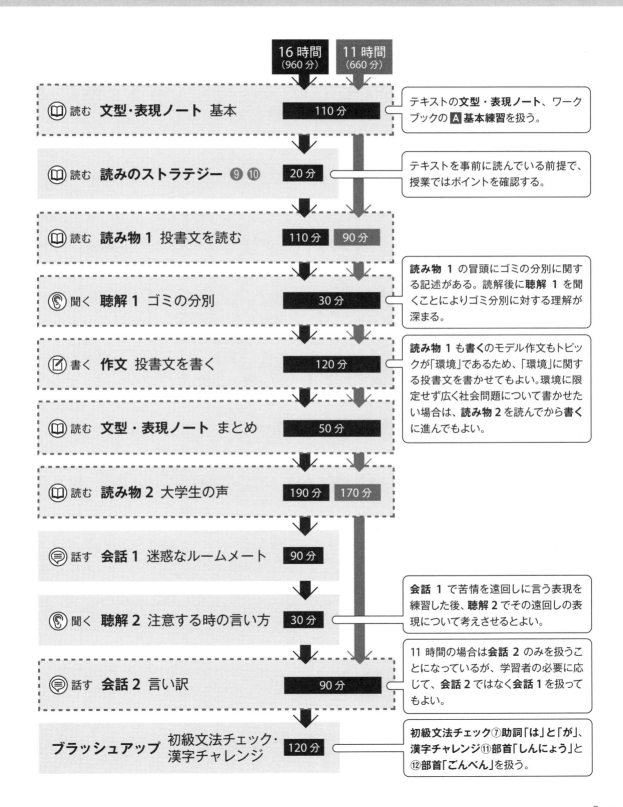

16 時間
(960 分)

11 時間
(660 分)

📖 読む **文型・表現ノート** 基本　110分 — テキストの**文型・表現ノート**、ワークブックの **A** **基本練習**を扱う。

📖 読む **読みのストラテジー** ⑨⑩　20分 — テキストを事前に読んでいる前提で、授業ではポイントを確認する。

📖 読む **読み物 1** 投書文を読む　110分　90分

🎧 聞く **聴解 1** ゴミの分別　30分 — **読み物 1** の冒頭にゴミの分別に関する記述がある。読解後に**聴解 1** を聞くことによりゴミ分別に対する理解が深まる。

✏️ 書く **作文** 投書文を書く　120分 — **読み物 1** も書くのモデル作文もトピックが「環境」であるため、「環境」に関する投書文を書かせてもよい。環境に限定せず広く社会問題について書かせたい場合は、**読み物 2** を読んでから**書く**に進んでもよい。

📖 読む **文型・表現ノート** まとめ　50分

📖 読む **読み物 2** 大学生の声　190分　170分

💬 話す **会話 1** 迷惑なルームメート　90分

🎧 聞く **聴解 2** 注意する時の言い方　30分 — **会話 1** で苦情を遠回しに言う表現を練習した後、**聴解 2** でその遠回しの表現について考えさせるとよい。

💬 話す **会話 2** 言い訳　90分 — 11 時間の場合は**会話 2** のみを扱うことになっているが、学習者の必要に応じて、**会話 2** ではなく**会話 1** を扱ってもよい。

ブラッシュアップ 初級文法チェック・漢字チャレンジ　120分 — 初級文法チェック⑦助詞「は」と「が」、漢字チャレンジ⑪部首「しんにょう」と⑫部首「ごんべん」を扱う。

4 技能セクション別 教え方のヒント

読みのストラテジー⑨ 意見を述べる時の表現 〈p. 176

- ❶と❷を学習した後、実際に「オンライン授業と対面授業のどちらがいいか」「iOS と Android のどちらがいいか」などの学習者の状況に合わせた二者択一のトピックを与え、意見述べの練習をしてもよい。
- ❷の 8 歳の子どもに携帯電話は必要だと思うか、または、必要ないと思うかを、「X のではないでしょうか」を使って言わせ、その後で❶の「確かに〜。しかし〜。」を使った文を作らせてもよい。

✒ 解答 〈p. 176

筆者の意見：ゴミは確実に増えます。

- ✒の練習問題は読み物本文を読む前に確認することもできるが、ワークブックの **B** 読みのストラテジーにも同じ質問があるため、その時に確認してもよい。

読みのストラテジー⑩ 列挙の表現 〈p. 177

- 例を読ませた後、「まず」「また」の代わりに「第一に」「第二に」も使えることを確認する。
- 大学生はアルバイトをしたほうがいいと思うかについて学習者自身の意見を聞き、その理由を 2 〜 3 つ述べさせる練習をしてもよい。
- 応用練習として、「学生時代に海外旅行に行ったほうがいいか」など、様々な理由が出るトピックで意見を言わせ、その理由を挙げさせる練習をさせてもよい。

✒ 解答 〈p. 177

（1）早期英語教育に賛成の理由を 3 つ列挙する。

（2）1 つ目の理由：言語の習得はある年齢を超えると難しくなるからだ。

- ✒の練習問題は読み物本文を読む前に確認することもできるが、ワークブックの **B** 読みのストラテジーにも似ている質問があるため、その時に確認してもよい。

📖 読み物 1 投書文を読む 〈p. 173

| 目標 | 投書文を読んで、筆者の主張とその理由がわかる。 |

読む前に 〈p. 170

- 1. は、同じ国出身の学習者しかいない場合は、包装のサービスは無料か有料か、自分でどんな時にどんなものを包装するかなどを話し合わせてもよい。また、包装紙はどうするか、どうしてそうするかなどの理由を述べさせることもできる。

- **2.** は、日常生活において個人で意識している具体的な例を考えさせるとよい。その他、これまでに見聞きしたことがある、海外での環境についての意識やその対策などを話し合うこともできる。

読み物本文 ／ ＜ p.173

> ＜ WB ▸ p.069
>
> **A 読み物1 ▸ ○×チェック**
>
> ① （×） ② （○） ③ （×） ④ （○） ⑤ （○）
>
> ① (行5-9)「分別しなければいけません」とあるので、分けなければいけない。
>
> ③ (行20-22)「結局捨てる人が多い」ので、後で使う人は少ない。
>
> **B 読みのストラテジー ▸ 練習**
>
> **1** ゴミは確実に増えます。（※テキストの読みのストラテジー**9**の練習問題✎と同じ問題）
>
> **2** （1）→ 筆者の意見 ―【やりすぎだ】
>
> （2）→ 筆者の意見 ― 日本人は考え直す【べきだ】

■ 第1段落 (行1-9)

(行2) 留学生　ジョージ・テイラー（愛知県21）

- 投書文ではどのように書き手の情報が書かれるかに注意を向けさせる。

　<u>留学生</u>　<u>ジョージ・テイラー</u>　<u>（愛知県 21）</u>
　　身分　　　　名前　　　　　居住地 年齢

(行3-5) 来日して…ということです。

> ＜ WB ▸ p.070
>
> **C 読み物1 ▸ 内容質問**
>
> **1.** 「来日してまず感じたことは」(行3) とありますが、「感じた」の主語はだれですか。
>
> 　c. 筆者

- 一文が長いため、文の構造（「感じたことは、Xということです」）を確認する。

　Q 日本に来たジョージがまず感じたことは、何だったか。

　A 環境のことを考えている日本人が多いこと。

　Q 「環境のことを考えている」(行3-4) とはどういう意味か。

　A 環境を悪くしないように気をつけている、という意味

(行5-9) 例えば、駅のゴミ箱はペットボトルや…分別しなければいけません。

> ＜ WB ▸ p.070
>
> **C 読み物1 ▸ 内容質問**
>
> **2.** 「きちんと分別しなければいけません」(行8-9) とありますが、①何を、②どのように分別するのですか。
>
> 　① <u>ゴミ</u>を② <u>資源ゴミ</u>と<u>燃えるゴミ</u>に分別する。

- 日本の駅にあるゴミ箱の写真やイメージなどを見せるとよい。
- 「ペットボトル」は和製英語であることに留意。
- 学習者の出身国のゴミ分別状況と比較させる。

■ 第2段落 (行10-22)

(行11) それは、過剰な包装です。

- 「過剰な包装」とは具体的にどのような包装を指すのか確認する。実際に箱に入ったクッキーなどの個別包装のものを学習者の目の前で開封してみせるデモンストレーションを行うと包装のいい点も、ゴミが確実に増える点もわかりやすくなるので効果的。

(行11-15) 例えば、…中のクッキーも…包装されていました。

 ‹ WB ▸ p.070

C 読み物 1 ▸ 内容質問

3. 「中のクッキーも」(行14) とありますが、「中」とは何の中のことですか。
   <u>箱の中のことです。</u>

(行15-20) 確かに…便利です。しかし、…確実に増えます。

 ‹ WB ▸ p.070

C 読み物 1 ▸ 内容質問

4. 本文によると、クッキーの包装のいい点は何ですか。2つ書きなさい。
   ① <u>箱から取る時に手が汚れないことです。</u>
   ② <u>すぐに全部食べなくてもいいことです。</u>

(行20-22) 箱の包装紙も、後で使えないわけではないですが、…資源のむだです。

- 美しい包装紙や有名デパートの包装紙などを提示し、再利用できそうか、したいと思うかなどの質問をしてもよい。日本での状況（例：ブランドの袋は再利用するために捨てずに取っておく人も多いなど）も紹介するとおもしろい。

■ 第3段落 (行23-33)

(行23-28) また、商品の包装だけではなく、…驚きました。

- 近年は日本でも袋は有料である店や百貨店が増えてきており、雨よけのカバーが有料の店もある。また、雨の日にはスーパーや店の前には傘を入れるビニール袋が準備されていることも多いことを説明してもよい。

 ‹ WB ▸ p.070

C 読み物 1 ▸ 内容質問

5. ジョージはお店の袋のどんな点について疑問に思いましたか。
   <u>雨にぬれないようにいつもの紙袋の上にビニールを丁寧にかけてくれたことです。</u>

(行 28-33) 客に対するこのような気づかいは…感じてしまいます。

> **Q**「このような気づかい」とはどんな気づかいか。
>
> **A** 買ったものが雨にぬれないようにと客のことを考えてくれる気づかい

- ジョージは「このような気づかいはとても日本らしいと思います」と述べているが、どう思うか、どんなことが日本らしいと感じるか尋ねてみるとよい。
- ジョージの「ちょっとやりすぎ」という意見に賛成か反対か、どうしてそう思うかを尋ねる。

■ 第 4 段落 (行 34-36)

> 〈WB ▸ p.070
>
> **C 読み物 1 ▸ 内容質問**
>
> 6. ジョージがこの投書文で最も伝えたいことは何ですか。
>   **日本人は過剰包装について考え直すべきだということです。**

読んだ後で 〈p.170

- 3. 解答例
  日本では 箱 や紙や 袋 で商品を 包装 するが、それは 過剰 で、捨てる人が多いので 資源 のむだである。だから、このような過剰包装はやめるべきだ。
- 4. では、ジョージの主張は何かを確認してから話し合いを始めるとよい。また、賛成派と反対派をペアにして、ミニ・ディベートを行うのも一案。
- 5. の質問は「書く」活動につなげやすいので、丁寧に行う。何がどうして問題だと思うのか、その問題についてどんな主張を持っているのか、ペアで話し合わせるとアイデアが出てきやすい。
- 発展活動として、新聞や雑誌に載っている投書文を実際に読んでみるとよい。

読み物 2 大学生の声 〈p.175

| 目標 | 賛成と反対のそれぞれの主張とその理由がわかる。 |

読む前に 〈p.171

- 2. は最新の情報を調べさせる。地域や私立・公立など学校によって違いはあるか、またどうしてその外国語が勉強（選択）できるのか理由も話させるとよい。日本では何歳から英語の勉強を始めるかを調べさせてもよい。

読み物本文 〈p.175

> 〈WB ▸ p.071
>
> **A 読み物 2 ▸ ○×チェック**
>
> ① (○) ② (×) ③ (○) ④ (×) ⑤ (○)
>
> ② (行 22-23)「大人になればなるほど…失敗を恐れる気持ちが強くなる」とある

ので、大人のほうが失敗を恐れる。

④ (行44)「自分の意思で英語を学んでいる子どもは少ない」とあるので自分で興味を持って英語を習い始める子どもは少ない。

B 読みのストラテジー ▶ 練習

- 青山さん……【**賛成**】（※テキストの読みのストラテジー❿の練習問題✐と似ている問題）

 (1) 言語の習得はある<u>年齢</u>を超えると難しくなる。

 (2) 子どもは英語に対する<u>抵抗感</u>を持たない。

 (3) <u>国際感覚</u>を早く身につけることができる。

- 木村さん……【**反対**】

 (1) 日本語の<u>発達</u>に悪い影響がある。

 (2) 自分の<u>意思</u>で英語を学んでいる子どもは少ない。

 (3) 日本では<u>日常生活</u>で英語が<u>必要だ</u>というわけではない。

■ **タイトル・リード** (行1-7)

(行2-3) 英語で…変わり始めている。

- 「育てようと」の「V（よ）うと～」は「～（よ）うという考えで」という意味であることを確認する。

(行4-6) 小学校での英語の授業は…関心がますます高くなっている。

 Q「今後も早期化が進む」とはどういう意味か。

 A 英語教育を始める年齢がこれからもっと早くなるという意味。

(行6-7) 今の大学生はこの現状をどのように考えているのだろうか。

 Q「この現状」とはどのような現状か。

 A 英語教育の早期化が進んでいる現状。

- 非英語圏の学習者がいる場合、国での英語教育は日本のように早期化が進んでいるかを聞いてもよい。

■ **タイトル・第1・2段落** (行8-17)

(行8) 英語は子どものうちに

 Q「英語は子どものうちに」の題の後にはどのような言葉が続くと思うか。

 A 勉強したほうがいい。／勉強すべきだ。

 この質問は33行目までを精読してから確認してもよい。

(行11-12) 言語の習得はある年齢を超えると難しくなるからだ。

 Q「難しくなる」とあるが、何が難しくなるのか。

 A 言語の習得。

- 「ある年齢を超えると」とあるが、何歳以上になると言語の習得が難しくなると思うか、聞いてもよい。

(行12-13) 言語を学ぶ…とよく言われる。

 ◁WB ▸ p. 072

C **読み物2▸内容質問**

1. 「言語を学ぶ年齢と習得には深い関係がある」(行12) とありますが、それはどういう意味ですか。
   言語の習得はある年齢を超えると難しくなるという意味です。

- 「言われる」の形と意味を確認する。受身形、中立受身（「一般の人々が言っている」という意味で、迷惑の意味はない）。

(行13-14) スポンジのように…楽に習得できる。

　　Q 「子ども」を修飾するのはどこからどこまでか。
　　A 「スポンジ」から「吸収できる」まで。

　　Q 「スポンジのように何でも吸収できる」とはどういう意味か。
　　A 何でもすぐ覚えられるという意味。

■ 第3段落 (行18-25)

(行18-19) 第二に、子どもは英語に対する抵抗感を持たないからだ。

　　Q 「英語に対する抵抗感」とはどういう意味か。
　　A 英語を話すことを恥ずかしいと思う気持ち。／英語を学びたくないという気持ち。

(行19-22) ゲームや歌を通して学べば、子どもは…慣れることもできる。

　　Q 「早く慣れることもできる」とは、だれが何に慣れるのか。
　　A 子どもが英語を話すことに早く慣れる。

- 「ゲームや歌を通して学べば、子どもは…慣れることもできる」とあるが、子どもの時にゲームや歌で外国語を学んだ経験を持つ学習者はいるか、その時どう感じたか個人の経験を聞いてもよい。

(行23-25) だから、その気持ちが…重要だと思う。

 ◁WB ▸ p. 072

C **読み物2▸内容質問**

2. 「その気持ち」(行23-24) とはどんな気持ちですか。
   失敗を恐れる気持ちです。

■ 第4・5段落 (行26-33)

(行26-27) 第三に、国際感覚を早く身につけることができるからだ。

　　Q 「国際感覚」とは何か。
　　A 異なる価値観を受け入れられる広い視野を持っていること。

(行29-31) 小学生のうちに…可能性が広がるのではないかと思う。

> **WB** ‹ WB ▸ p. 072
>
> C **読み物 2 ▸ 内容質問**
>
> 3. 青山さんによると、小学生のうちに英語を勉強すれば、将来、国際的に活躍できる可能性が広がるのはどうしてですか。
>   外国の文化や習慣に慣れ、視野を広げることができるからです。

(行32-33) このように、早期英語教育はメリットが多いので、…進めていくべきだ。

    Q「このように」は何を指すか。

      A 今まで述べられてきた早期英語教育に賛成の理由三つを指す。

■ タイトル・第 1・2 段落 (行 34-43)

(行37-39) 日本語が不十分なまま…可能性がある。

    Q「日本語が不十分なまま」とはどういう意味か。

      A 日本語の習得がまだあまりできていないという意味。

(行41-43) だから、英語を学ぶのは…待つべきなのではないだろうか。

> **WB** ‹ WB ▸ p. 072
>
> C **読み物 2 ▸ 内容質問**
>
> 4.「待つべき」(行 42) とありますが、何をいつまで「待つ」のですか。①②の a ～ c の中から 1 つずつ選びなさい。
>   ① b. 英語を学ぶのを
>   ② c. 自分の考えや感情が日本語で論理的に伝えられるようになるまで待つ。

■ 第 3 段落 (行 44-49)

(行45-46) 私の場合も子どもの時、…いやいや勉強させられた。

    Q「言われ」は何形か。

      A 受身形。

    Q だれが言うのか。

      A 木村さんの親が言う。

    Q「勉強させられた」は何形か。

      A 使役受身形。

    Q だれが勉強するのか。

      A 木村さんが勉強する（した）。

(行46-48) その経験からいうと…意味がない。

> **WB** ‹ WB ▸ p. 072
>
> C **読み物 2 ▸ 内容質問**

5.「その経験からいうと」(行46) とありますが、どんな経験ですか。

子どもの時、親に英語の塾に行くように言われ、いやいや勉強させられた<u>経験</u>

(行48) 英語嫌いな子どもが増えるだけだ。

  Q どうして「英語嫌いの子どもが増える」と思うか。

    A 自分の意思で英語を学んでいるのではなく、親に無理に勉強させられているから。

■ **第4・5段落**(行 50-59)

(行 50-51) 日本では日常生活で英語が必要だというわけではない。

  Q「必要」「必要ではない」のどちらの意味か。

    A「必要ではない」の意味。

(行 53-56) 私の先輩に英語が全然話せなかった人がいたが、…驚くほど上達した。

 ⟨WB▶p.072⟩

  C **読み物 2 ▶ 内容質問**

  6. 木村さんが「先輩」の例 (行 53-56) で言いたいことは何ですか。最も適当なものを選び

なさい。

    b. 英語が本当に必要になった時に勉強を始めても遅くはないということ。

読んだ後で ⟨p.171

- **3.** 解答例

  青山さんは早期英語教育に賛成だ。まず、言語の習得と 年齢 には深い関係があり、小さい時に学

んだ方が習得が楽だからだ。次に、子どもは大人と違い、英語に対する 抵抗感 を持っていないか

らだ。最後に、国際感覚 を早く身につけることができるからだ。

  木村さんは早期英語教育に反対だ。まず、母語 の発達に悪い影響があるからだ。次に、子どもの

意思 ではなく親に勉強させられることが多いからだ。最後に、英語が本当に 必要 になった時に学

んでも遅くないからだ。

- **4.** では「日本の英語教育」について述べるように指示する。その後、自国の英語教育について述べて

もよいが、混乱しないように分けて議論を進めるほうがよい。

また、賛成・反対の理由を**読みのストラテジー⓾列挙の表現**を使って挙げさせるほか、ペアにして、

ミニ・ディベートを行うのも一案。

- **5.** は、自国の外国語教育について調べさせ、**読みのストラテジー➒意見を述べる時の表現・⓾列挙の**

表現を使って話させてもよい。

- **5.** の発展活動として、自国の外国語教育、または、いろいろな非英語圏の国の学習者がいれば自国の

英語教育について、何をどう変えるべきかのスピーチを行うと、いろいろな国の事情が聞けておもし

ろい。

投書文を書く `p. 188`

| 目標 | • 身近な問題について投書文が書ける。 |

| 留意点 | • 書くポイントの「確かに、〜。しかし、〜」「〜のではないだろうか」は、**読みのストラテ**
ジー❾で勉強した表現であることを伝えるとスムーズに導入ができる。
• 原発の問題など、高度な語彙を要する話題を選びたがる学習者がいるが、その場合は 2 つ
の解決策が考えられる。
　（1）原発問題を身近な話題に落とし込む（例：原発を減らすために私たちができること）。
　（2）自分の使用語彙で書ける話題に変える（例：日本人は働きすぎ、プラスチックの使用
　　　を減らすべきなど）。
• 寮生活の問題や日本語クラスでのルールなど、学生生活に関する話題で書かせたい場合は
「学生生活に関する投書文を集めて、学生新聞を作る」という設定にするとよい。 |

| 発展活動 | • 書いた投書文を新聞に投書させる。
• 投書文をスピーチにする。発表後、グループやクラスでディスカッションをする。 |

寮生活でのトラブル `p. 190`

| 目標 | 会話 1：苦情が言える。
会話 2：上手にあやまることができる。 |

| 留意点 | 会話 1：「〜て…」「〜から…」などの言いさし表現のイントネーションを練習する。はっき
　　　　り言うと、きつく聞こえることを伝える。
会話 2：あまりスムーズに話しすぎると申し訳なさが伝わらないので、ゆっくり言うほう
　　　　がよい。 |

| 発展活動 | 会話 1：苦情を言って相手を怒らせてしまった時、どのように対応するのがいいかグルー
　　　　プやクラスで考え、その言い方を練習する。
会話 2：「つい」「てっきり」が使えるシチュエーションを考え、そのシチュエーションのミ
　　　　ニスキットを作る。 |

中国人留学生から見た日本　p. 202

目標	聴解 1：ゴミ分別表を見ながら会話を聞き、内容がわかる。
	聴解 2：スピーチを聞き、注意する時の言い方が国によってどう違うかがわかる。

留意点	聴解 1：聞く前に、粗大ゴミとは例えばどんなものか、金属はどのゴミに分類されるかを考えておくとよい。
	聴解 2：内容確認の後、「〜ほうがいいんじゃない？」という表現は、文脈によっては本当にアドバイスの場合もあることを伝える。

発展活動	聴解 1：ゴミの分別について、自分の国の捨て方、何をリサイクルしているかについて簡単に発表する。
	聴解 2：グループで、注意する時に自国ではどのように言うか、他国の言い方が自国でも使えるか、問題になってしまうかディスカッションする。

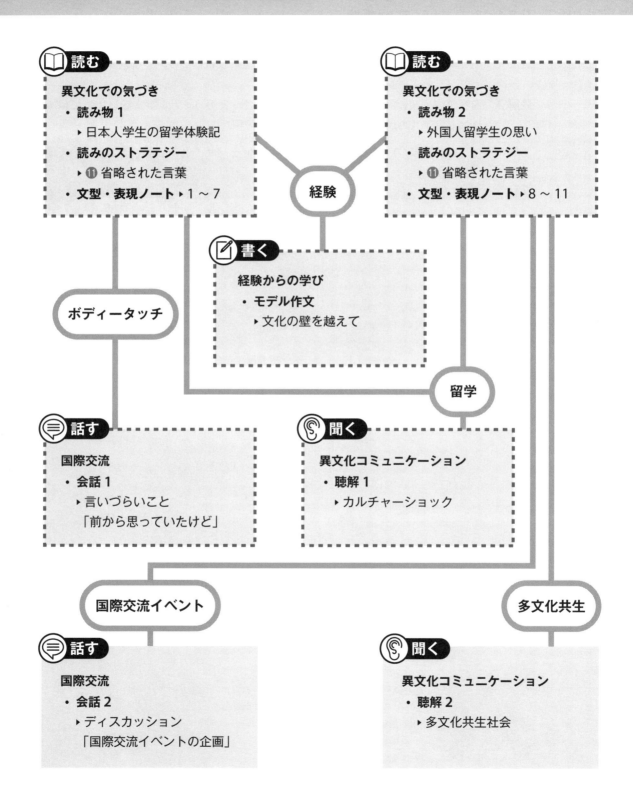

読む

異文化での気づき
- **読み物 1**
  - ▸ 日本人学生の留学体験記
- **読みのストラテジー**
  - ▸ ⑪ 省略された言葉
- **文型・表現ノート** ▸ 1 〜 7

読む

異文化での気づき
- **読み物 2**
  - ▸ 外国人留学生の思い
- **読みのストラテジー**
  - ▸ ⑪ 省略された言葉
- **文型・表現ノート** ▸ 8 〜 11

経験

書く

経験からの学び
- **モデル作文**
  - ▸ 文化の壁を越えて

ボディータッチ

留学

話す

国際交流
- **会話 1**
  - ▸ 言いづらいこと
    「前から思っていたけど」

聞く

異文化コミュニケーション
- **聴解 1**
  - ▸ カルチャーショック

国際交流イベント

多文化共生

話す

国際交流
- **会話 2**
  - ▸ ディスカッション
    「国際交流イベントの企画」

聞く

異文化コミュニケーション
- **聴解 2**
  - ▸ 多文化共生社会

授業時間の目安とポイント

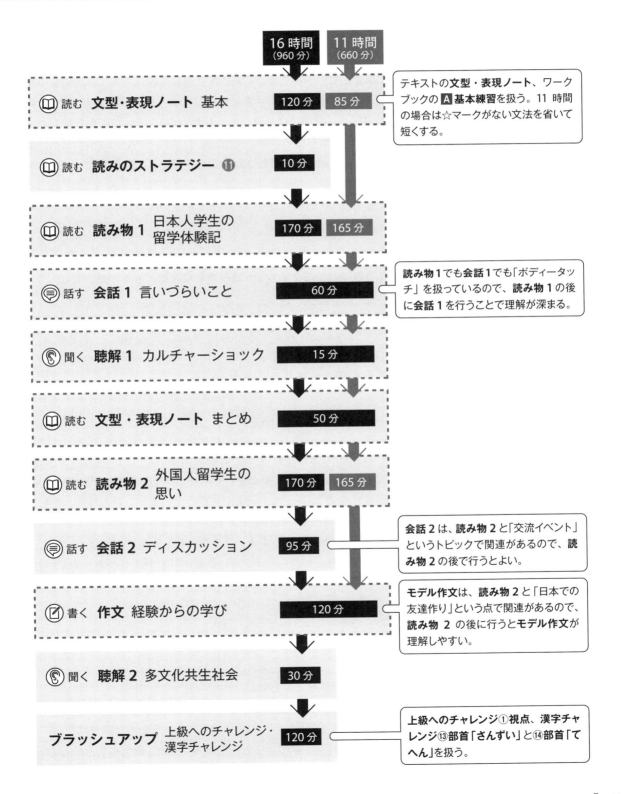

		16 時間 （960分）	11 時間 （660分）

📖 読む **文型・表現ノート** 基本 — 120分 / 85分

> テキストの**文型・表現ノート**、ワークブックの A 基本練習を扱う。11 時間の場合は☆マークがない文法を省いて短くする。

📖 読む **読みのストラテジー ⑪** — 10分

📖 読む **読み物 1** 日本人学生の留学体験記 — 170分 / 165分

💬 話す **会話 1** 言いづらいこと — 60分

> **読み物 1** でも**会話 1** でも「ボディータッチ」を扱っているので、**読み物 1** の後に**会話 1** を行うことで理解が深まる。

🎧 聞く **聴解 1** カルチャーショック — 15分

📖 読む **文型・表現ノート** まとめ — 50分

📖 読む **読み物 2** 外国人留学生の思い — 170分 / 165分

💬 話す **会話 2** ディスカッション — 95分

> **会話 2** は、**読み物 2** と「交流イベント」というトピックで関連があるので、**読み物 2** の後で行うとよい。

✍️ 書く **作文** 経験からの学び — 120分

> **モデル作文**は、**読み物 2** と「日本での友達作り」という点で関連があるので、**読み物 2** の後に行うと**モデル作文**が理解しやすい。

🎧 聞く **聴解 2** 多文化共生社会 — 30分

ブラッシュアップ 上級へのチャレンジ・漢字チャレンジ — 120分

> **上級へのチャレンジ**①視点、**漢字チャレンジ**⑬部首「さんずい」と⑭部首「てへん」を扱う。

異文化での気づき 〈p.002〉

【読みのストラテジー ⑪】 省略された言葉 〈p.008

- 省略された言葉について考えることは、学習者は既にできるはずなので、説明を読まずに「初めての ハイテクトイレ」を使って練習してみてもよい。例えば、まず全体を通して読んでみて、読めない漢 字、わからない言葉がないか確認し、必要に応じて説明する。その後、(a)「何のフタか」、(b)「だれ が座るのか」、(c)「だれが聞いてみたのか」、(d)「だれが教えてくれたのか」、(e)「だれが体験したの か・何の体験か」について考えてもらう。わからない学習者や間違えた学習者がいた場合は、その部 分までのところをしっかり理解しているか確認する。省略された部分を補い、完全な文にして確認す る。

✒ 解答 〈p.008

外国人らが共有したがる。

- ✒の練習問題は**読み物**本文を読まなければわからないので、**読み物**を読み進める中で確認する。

📖 読み物 1 日本人学生の留学体験記 〈p.004

| 目標 | 経験談を読んで、筆者がその経験から感じたことがわかる。 |

読む前に 〈p.002

- **1.** でなかなか回答が出てこない場合は、海外の文化や習慣だけではなく、同じ国の中での違い（都会 からある地方に引っ越したら、家に近所の人が訪ねてくるとき、インターフォンを使わず勝手に入っ てくることが普通だということに驚いた、など）、ルームメイトや家族間での違い（寝る時間、起きる 時間が違うので起こされて困るなど）について考えてもらうとよい。
- **2.** は、すぐに人と人との距離の近さがわからない場合もある。その際には、実際に立たせて、友達と 話す時の距離、初対面の人と話す時の距離を作ってもらうと、その距離が目に見えてわかりやすい。

読み物本文 〈p.004

WB 〈WB ▶ p.009

A 読み物 1 ▶ ○×チェック

① (○)　② (×)　③ (○)　④ (○)　⑤ (×)

　② (行 11-12)「帰りたいなんてことを忘れさせるほど、目まぐるしい毎日を送るよ うになった」とあるので、「毎日日本へ帰りたい」と思っていたわけではない。

　⑤ (行 41-45)「考えや基準、行動が似ている人たちが多い中で、変化や新しいもの

を見つけるのは難しい」「知らぬ間に安心してしまっている」とあるので、「い
い点なので、世界に広めるべきだ」とは思っていない。

B **読みのストラテジー ▶ 練習**
(1) イングリッシュランゲージプログラムが与えてくれた。
(2)「今度の冬休み、○○へ行こう」「よし、行こう」と一緒に話した友達に言われ
た。

■ 第 1 段落 (行 1-3)

• 段落すべてが長い 1 文なので、特に「楽しいことと辛いことがたくさん詰まった」と「人生一濃
い」の 2 つが「九か月間」を修飾していることに気づかせる。このように「、」を使って 2 つのも
のが名詞を修飾することがあることを説明し、「九か月間」が文の主語であることを理解させる。

(行 2-3) 楽しいこと…てくれました。
　　Q「人生一濃い九か月間」とは、①だれが、②何をした期間か。
　　A ① 筆者が ② 留学をした期間。

■ 第 2 段落 (行 4-7)

(行 5-7) 他の留学生たちは…余裕の表情の半面、自分は…他の留学生との差にとても落ち
込みました。
　　Q「余裕の表情」とは、①だれの、②どんな表情か。
　　A ① 様々な国からの留学生たちの、② 自信がありそうな表情。

 WB ▶ p. 010

C **読み物 1 ▶ 内容質問**
1.「まったくわからなかったため、他の留学生との差にとても落ち込みました」(行 6-7) と
ありますが、何がわからなくて、落ち込んだのですか。
説明の合間のジョークがわからなくて、落ち込みました。

　　Q「他の留学生との差」とは、何の差か。
　　A 英語力の差。

■ 第 3 段落 (行 8-12)

(行 8-10) 翌週から…授業が始まり、…友達もできました。
　　Q「授業が始まり」の「授業」を修飾している部分はどこか。
　　A「イングリッシュランゲージプログラム」から「ための」まで。

　　Q「翌週から」が修飾している言葉 (動詞) は何か。
　　A「始まり」。

(行 10-12) 毎日、何かしら…帰りたいなんてことを忘れさせるほど、目まぐるしい毎日を
送るようになりました。

Q「忘れさせる」とは、①だれが何を忘れるのか。②どうして忘れるのか。

A ① 筆者が（日本に）帰りたいということを忘れる。

② 留学生活／イングリッシュランゲージプログラムが毎日、何かしらの刺激、試練、変化、新たな発見を自分に与えてくれたから。

Q「目まぐるしい」とはどういう意味か。

A 変化が多くて目が回るようだという意味。

- 留学中に経験する「刺激、試練、変化、新たな発見」とはどのようなものか、具体的に考えてみるとおもしろい。

■ 第4段落 (行13-19)

(行13-14) しかし、やっと軌道に乗りつつあった…いきませんでした。

Q「軌道に乗る」とはどういう意味か。

A ものごとが予定通りに順調に進むという意味。

(行14) 友達との交流でさえも、とてもストレスになります。

Q ①何がストレスになるのか、②どうしてか。

A ① 友達との交流がストレスになる。② 文化や習慣が違うから。

- 「さえ」は英語では「even」と訳すことができるが、なぜここで「さえ」が使われているのか確認する。「友達との交流は楽しいはずなのに、それでもストレスになってしまう」という強調の意味を込めて使われている点に注意させる。

(行18-19) それが仲のいい…その接し方に慣れずに…しょうがなくなりました。

Q「その接し方」とは、①だれの、②どのような接し方のことか。

A ① 中国人留学生の、② 挨拶をするたびに肩を組んだり、たたいたりするという、ボディータッチが多い接し方のこと。

■ 第5段落 (行20-24)

 < WB ▶ p. 010

C 読み物 1 ▶ 内容質問

2.「文化の違い」(行22) とは、日本とどの国の違いですか。また、何がどのように違うのですか。

日本の文化と<u>中国</u>の文化の違いです。日本の文化では、<u>人と人の距離がかなり遠い</u>です。それに対して、<u>中国の文化では、人と人の距離が近く、挨拶をするたびに肩を組んだり叩いたりと、ボディータッチも多いです。</u>

(行21-23) すると、「早く…変えてくれました。

Q ①だれが何を変えたのか。②その結果どのように変わったのか。

A ① 中国人の友達が筆者に対する接し方を変えた。

② お互いに距離を取ったり、（中国人の友達が）ボディータッチを少なくしたりしてくれた。

■ **第 6 段落** <small>(行 25-31)</small>

> ＜WB ▸ p. 010
>
> **C　読み物 1 ▸ 内容質問**
>
> 3. 第 6 段落 <small>(行 25-31)</small> を読んで、「行こう」という言葉の持つ意味合いが日本語と英語でどう違うかを答えなさい。
>
>   「今度の冬休み、○○へ行こう」「よし、行こう」という状況で、日本語は「<u>約束</u>」という言葉を使う。そしてそれが実現できなかった場合、<u>約束を破った</u>ということになる。それに対して、英語では、"<u>Plan</u>" という言葉を使い、それが実現できなかった場合、<u>ただ単に予定が変わった</u>ということになる。

- 自国の言葉で、「約束」と「予定」はどのような状況で使うのか聞いてみるとおもしろい。

■ **第 7・8 段落** <small>(行 32-40)</small>

<small>(行 32-33)</small> この言葉のもつ意味合い…それを理解するまで、…ことがありました。

　Q「それ」は、何を指しているか。
　　A「言葉の持つ意味合いの違い」を指している。

> ＜WB ▸ p. 010
>
> **C　読み物 1 ▸ 内容質問**
>
> 4.「その時点」<small>(行 34)</small> とは、どんな時ですか。
>
>   <u>「今度の冬休み、○○へ行こう」「よし、行こう」という会話のやりとりがあった時です。</u>

<small>(行 38-40)</small> その「僕の普通」…ことに気づきました。

　Q ここで筆者は何が言いたいのか。「約束」と「plan」の 2 つの言葉を使って説明しなさい。
　　A 筆者は「約束」という意味で友達とやりとりをしており、実現しようという責任感は強かったが、友達は「plan」という意味でやりとりをしていたので、責任感はそれほど強くなかった。

■ **第 9 段落** <small>(行 41-45)</small>

> ＜WB ▸ p. 010
>
> **C　読み物 1 ▸ 内容質問**
>
> 5.「知らぬ間に安心してしまっています」<small>(行 43)</small> とありますが、①だれが安心しているのですか。②どうして安心しているのですか。③安心していることについて、筆者はどう思っていますか。
>
>   ① <u>日本人</u>が安心しています。
>   ② <u>小さな島国である日本には考えや基準、行動が似ている人が多い</u>からです。
>   ③ <u>よくない</u>と思っています。

読んだ後で ⟨p.002

- **3.** 解答例

　　日本と [中国] ではコミュニケーションをとる時の [人と人の距離] が違う。中国のほうが日本より近く、ボディータッチも多い。また、日本語と英語では [言葉の持つ意味合い] が違う。例えば、「〇〇へ行こう」「よし、行こう」と言った時、日本語では「[約束]」を交わしたことになり、行かなければ約束をやぶることになる。しかし、英語では「[予定]」で、それまでに他の予定が入ってしまった場合、それは「予定が変わった」だけで、約束をやぶったことにはならない。

- **4.** では、普段遊ぶ時、旅行する時、一緒に勉強する時など状況を変えたり、友だちとの親しさで何か違うか考えたりしてみるのも一案。

- **5.** で答えるのが難しい場合は、**4.** で出た、より具体的な状況で気をつけるべきことを考えてみる。

📖 読み物 2　外国人留学生の思い ⟨p.007

| 目標 | 経験談を読んで、筆者がその経験から感じたことがわかる。 |

読む前に ⟨p.003

- **2.** は、外国人の友達がいない学習者のために、「外国人の友達がほしいですか。どうしてですか」「どこで外国人の友達が作れると思いますか」という質問を準備しておいてもよい。

読み物本文 ⟨p.007

WB ⟨WB ▶ p.011

A　読み物 2 ▶ 〇×チェック

　　①（×）　②（×）　③（×）　④（〇）　⑤（〇）

① (行 4-5)「聞いたことがない」ではなく、「よく口にする言葉」。

② (行 18-19)「友達が作れない理由は、人との出会いが少ないことではない」とあるので、「出会う機会が少ないこと」が理由ではない。

③ (行 23-24)「彼ら（外国人ら）はたくさんの日本人らに交流の熱意を語る」、(行 32-33)「しかし、その日本人らはイベント中に熱心さを示すのが礼儀と思うだけ」とあるので、「礼儀だと思っている」のは「外国人」ではなく「日本人」。

B　読みのストラテジー ▶ 練習

　　(1) 外国人ら が共有したがる。（※テキストの読みのストラテジー⑪の練習問題と同じ問題）

　　(2) 日本人 が 外国人 に聞かれた。

　　(3) 日本人からの返信 が来ない。

■ タイトル・第 1・2 段落 (行 1-8)

(行 6-8) 苦笑いと同時に…彼らの…を表している。

Q 「この一言」は、何を指すか。

A 「日本で友達を作るのって難しいね」という言葉を指す。

 ＜WB▸p.012

C 読み物2▸内容質問

1. 「彼ら」(行6) とはだれのことですか。
   <u>日本に長くいる外国人たちを指します。</u>

2. 「在日外国人の孤独感を感じさせる」(行7) とありますが、何が外国人の孤独感を感じさせるのですか。
   <u>日本に長くいる外国人たちがよく口にする「日本で友達を作るのって難しいね！」という言葉です。</u>

Q 日本人との「文化の壁」を表しているものは何か。

A 「日本で友達を作るのって難しいね」という一言。

■ 第3段落 (行9-15)

(行9-11) 興味深いことに、私がこの言葉を…真っ最中だ。

Q 「この言葉」とは、どの言葉を指すか。

A 「日本で友達を作るのって難しいね」という言葉を指す。

Q 「真っ最中」を修飾している部分はどこか。

A 「社交イベントでワイワイしている」

 ＜WB▸p.012

C 読み物2▸内容質問

3. 「相談にのる」(行10) とありますが、だれが相談しますか。だれがアドバイスしますか。
   相談する人：<u>日本に長くいる外国人たち</u>
   アドバイスする人：<u>筆者</u>

- 「耳にする」という表現があるが、5行目の「口にする」と共に、「目にする」を導入し、それぞれ「聞く」「言う・話す」「見る」とどう違うのか考えさせてもよい。

(行11-13) これらのイベントは…作るものだ。

Q 「もの」を修飾している部分はどこか。

A 「何十人」から「作る」まで。

(行14-15) 今後も一緒に…共有したがるのだ。

Q だれがだれと何を「共有したがる」のか。（※読みのストラテジー⓫の練習問題✎と似ている問題）

A 「外国人」が「日本人」と「いろんな趣味」を共有したがる。

■ 第4・5・6段落 (行 16-24)

(行 20-21) そもそも外国人たちの失敗は…ギャップにある。

> **Q**「外国人たちの失敗」とはどういうことか。
>
> **A** 外国人がイベントで積極的に日本人の友達を作ろうとしても作れないこと。

> ⟨WB▶p.012
>
> **C 読み物 2 ▶ 内容質問**
>
> 4.「彼らの積極性と現実のギャップ」(行 20-21) について、下の質問に答えなさい。
>
> ①「彼らの積極性」とは、だれの何に対する積極性ですか。
>
> <u>外国人たちの友達集めに対する積極性です。</u>
>
> ② それに対して、「現実」はどうですか。
>
> <u>（日本人のほうは長期の交流に興味がないので、）友達ができません。</u>

> **Q** 筆者によると「友達が作れない理由」はどんなことか。
>
> **A** 彼ら（外国人ら）の積極性と現実にギャップがあること。

(行 22) 日本における「外国人コミュニティー」

- 「外国人コミュニティー」とはどのようなコミュニティーだと思うか考えさせる。

  解答例：同じ国同士の人たちが集まって行動を共にするコミュニティーだと思う。

■ 第7段落 (行 25-29)

> ⟨WB▶p.012
>
> **C 読み物 2 ▶ 内容質問**
>
> 5.「日本人は建前的にはポジティブな反応をする」(行 25-26) について、下の質問に答えなさい。
>
> ① どのような反応をするのですか。
>
> <u>国際交流に熱心さを示すのが礼儀だと思い、外国人らの質問に元気よく返事したり、連絡先を聞かれたら教えたりします。</u>
>
> ② 筆者によると、日本人は実際どう思っていますか。
>
> <u>日本人は実際長期の交流に興味がないと思っています。</u>

(行 26) 外国人らの「攻め」

> **Q**「攻め」とは何か。（だれがだれに何をすることか。）
>
> **A** 外国人らの質問や「連絡先を教えて欲しい」というお願い。（（社交イベントに参加した）外国人たちが日本人に積極的に話しかけていくこと。）

(行 29) 外国人たちが心から望む「オープンな日本人」

> **Q** ここでの「オープンな日本人」とはどのような日本人か。
>
> **A** 外国人らの質問やお願いにしっかりと答えてくれ、友達になってくれそうな日本人。

■ 第8・9段落 (行 30-42)

(行 32-34) しかし、その日本人らはイベント中に…興味がない。だから、返信は来ない。

第1章

『中級日本語カルテット』について

第2章

『カルテット』を使った中級指導のヒント

第3章

各課の指導ポイント

Q 日本人が「イベント中に熱心さを示す」とは、具体的にどんな行動をするということか。

A 外国人から話しかけられると元気よく返事し、質問されるとさわやかに回答する。外国ジョークにも熱心にフォローし、連絡先を聞かれると素早く応えることなど。

Q 筆者によると、「返信は来ない」のはどうしてか。

A 日本人は実際外国人とイベントの後も長く交流することに興味がないから。

(行37) 同じ「期待外れ」と「冒頭の言葉」を繰り返す。

Q ここでの「期待」は何か。

A 「日本人の友達を作ることができた」できたという期待

Q 「冒頭の言葉」とは何か。

A 「日本で友達を作るのって難しいね！」

(行38-39) この状況に対して…できることがある。

Q 「この状況」とは何か。

A イベントで知り合った日本人に連絡しても返信が来ず、外国人が友達を作れない状況

 ‹WB ▶ p. 012

C 読み物 2 ▶ 内容質問

6. 「人々のマインドを徐々に変化させ」(行41) とありますが、① 「人々のマインド」とはだれのマインドですか。② 筆者はどんなマインドに変化してほしいと考えていますか。
   ① <u>日本人の</u>マインドです。
   ② <u>国際的で、外国文化に親しむオープンなマインド</u>に変化してほしいと考えています。

(行41-42) 人々のマインドを…外国人がよりなじみやすい日本を…重要な課題だ。

• **Q** 「外国人がよりなじみやすい日本」とはどんな日本だと思うか。

　A ここでは、国際性を持つ外国文化に本気で親しむ若者がいる日本のこと。

• **Q** この文章で筆者が主張したいいことは何か。

　A 「国や自治体は外国文化に親しむ若者を育てるための政策を作るべきだ」ということ。

読んだ後で　‹p. 003

• 3. 解答例

　外国人たちは日本人の 友達 を作ろうと国際交流イベントに参加して日本人と 交流 するが、その後 連絡 しても返信は来ない。この状況を変えるために、筆者は 外国文化 に本気で親しむ若者を育てる 政策 を国や自治体に作ってほしいと願っている。

• 4. 外国人の友達について話す前に、友達を作るのは簡単か難しいか話し合い、それから外国人の友達を作ることについて話し合えば、そこに違いがあればそれに気づくことができる。

• 5. で答えがなかなか出ない場合は、「国際性を持つ人」はどんな人か、「外国文化に本気で親しむ人」はどんな人かについてまず話し合う。それらの人がどのような人かがわかったら、その特徴を持った人をどのように育てることができるか考えてみる。

経験からの学び ⟨ p.017 ⟩

書く

目標 ・ 経験談が書ける。

留意点 ・ **モデル作文**が**読み物**2の内容と似ており、文化について書かなくてはいけない印象を与えてしまうかもしれないが、**書く前に**(1) にあるように、インターンシップ、ボランティア、アルバイトなど、経験から学んだことであれば何でもいいことを伝える。

・ 単なる失敗談ではなく、どのように困難や問題点を乗り越えた（乗り越えようとした）か、その結果どうなったか（どんな学びがあったか）を書くということが読み取れない学習者もいるので、アウトラインを書かせた時にそれがあるかどうかを確認し、フィードバックする。

・ 経験がすぐに思い出せない学習者が多い場合は、**書く前に**を宿題にしておき、考えてきたことを授業でペア／グループでシェアするとスムーズに進む。また、学習者同士で話すことにより、新たなアイデアが出てくるかもしれない。

・ 寮生活の問題や日本語のクラスでの経験など、学生生活に関する話題で書かせて文集を作ってもおもしろい。

発展活動 ・ 書いた経験談をスピーチとして発表させる。

・ **書く前に**で出てきたが作文にしなかったアイデアを1分スピーチにする。

・ LMSのディスカッションボードなど、学習者同士で共有できるシステムがあれば利用し、他の学習者からコメントをもらってもよい。

国際交流 ⟨ p.020 ⟩

話す

目標 会話1：言いづらいことを打ち明けることができる。

会話2：ディスカッションで建設的に意見が述べられる。

留意点 会話1：・「～て……。」「～から……。」などの言いさし表現のイントネーションを練習する。はっきり言うときつく聞こえることを伝える。

・ **練習しよう**の「／」の表現はどれかを選んで使う。

会話2：・ ディベートではなく、相手を不快にさせない建設的な話し合いの練習であることを伝える。「相手の意見をほめてから付け加える」「相手の意見を一部認めてから別の提案をする」という手順が大切であることを意識させる。

・ 教師が司会と書記をして全体で1度やってみて例を見せてもよい（15分程度）。

・ まず p.26 のトピックを1つ選び、各自2分程度でアイデアを考えてから始める。リーダー（または書記）にメモを取らせながらディスカッションを進行させる。

・ 一通り全員が意見を言ったら、また最初の人に戻り、他に付け加えることがないか聞く。意見をたくさん出す練習なので、2周目も行う。ただし、アイデアが出すぎると多数決が取りにくいので、2周目は、新しいアイデアや視点は出さず、

1周目のアイデアに付け加えるだけにするよう伝える。

- 多数決で決まらない場合はどうするか、事前に決めておく（自分の意見ではないものに手を上げる。2回手を上げるなど）。
- 話し合いが終わったら、最後に全体に戻り、グループでどんな話し合いをして、どんな結果になったか、司会に報告させてもよい。
- 新しいトピックで話し合いを始める時には、リーダーを変える。グループを変えてもよい。

| 発展活動 | 会話1：不快に感じることは人によって違うので、正直に話しても伝わらないことがある（特に、相手が親切心からその行動をしてくれている場合）。そのような場面ではどうすればよいか話し合う。

会話2：• 読んだ後で（p. 003）の「5. 国際性を持つ、外国文化に本気で親しむ人を育てるためには、何が必要だと思うか」について、国や各自治体の職員になって政策を考えるディスカッションをする。
- 第8課以降の読んだ後での質問でも、アイデアをたくさん出すものがあれば、そのトピックでこの会話のディスカッションの表現を使って、話し合いをする。

聞く 異文化コミュニケーション p. 031

| 目標 | 聴解1：カルチャーショックの図を見ながら説明を聞き、内容がわかる。
聴解2：会話を聞き、多文化共生社会に大切な点がわかる。

| 留意点 | 聴解1：聞く前に、カルチャーショックとは何か、経験があるか、どのような経験だったかについて話す。
聴解2：ベジタリアンとビーガンには違いがあるのか、あるならどのような違いか、「寛容性を持つ」とはどういうことなのか、など言葉の意味を確認しておくとスムーズに進む。

| 発展活動 | 聴解1：• カルテットオンラインのリソースを使いノートテイキングアクティビティを行う。
- カルチャーショックの例を挙げて、自分がその状況になった時にどうすればよいかディスカッションする。

聴解2：学習者が日本に留学している／留学経験がある場合は、日本は多文化共生社会になっていると思うか話し合う。留学経験がない場合は、留学経験がある人に話を聞いてこさせ、クラスで発表させる。

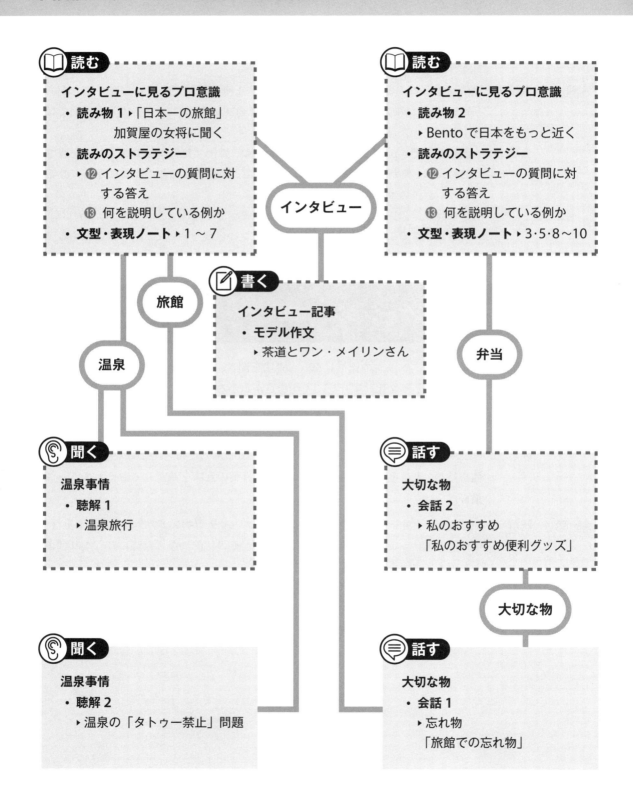

📖 読む

インタビューに見るプロ意識
- **読み物1**▸「日本一の旅館」
  加賀屋の女将に聞く
- **読みのストラテジー**
  ▸⑫ インタビューの質問に対
  する答え
  ⑬ 何を説明している例か
- **文型・表現ノート**▸1〜7

📖 読む

インタビューに見るプロ意識
- **読み物2**
  ▸Bento で日本をもっと近く
- **読みのストラテジー**
  ▸⑫ インタビューの質問に対
  する答え
  ⑬ 何を説明している例か
- **文型・表現ノート**▸3・5・8〜10

インタビュー

✏️ 書く

インタビュー記事
- **モデル作文**
  ▸茶道とワン・メイリンさん

旅館

温泉

弁当

🎧 聞く

温泉事情
- **聴解1**
  ▸温泉旅行

💬 話す

大切な物
- **会話2**
  ▸私のおすすめ
  「私のおすすめ便利グッズ」

大切な物

🎧 聞く

温泉事情
- **聴解2**
  ▸温泉の「タトゥー禁止」問題

💬 話す

大切な物
- **会話1**
  ▸忘れ物
  「旅館での忘れ物」

授業時間の目安とポイント

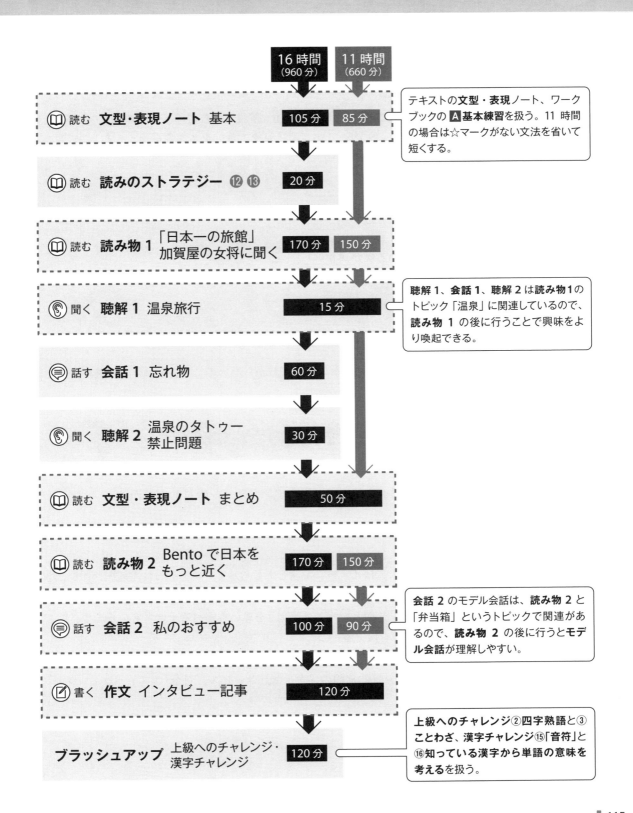

16 時間 (960 分)　**11 時間** (660 分)

		16 時間	11 時間
📖 読む	**文型・表現ノート** 基本	105 分	85 分

> テキストの**文型・表現**ノート、ワークブックの A **基本練習**を扱う。11 時間の場合は☆マークがない文法を省いて短くする。

📖 読む	**読みのストラテジー** ⑫⑬	20 分

📖 読む	**読み物 1**「日本一の旅館」加賀屋の女将に聞く	170 分	150 分

🎧 聞く	**聴解 1** 温泉旅行	15分

> **聴解 1**、**会話 1**、**聴解 2** は読み物1のトピック「温泉」に関連しているので、**読み物 1** の後に行うことで興味をより喚起できる。

💬 話す	**会話 1** 忘れ物	60 分

🎧 聞く	**聴解 2** 温泉のタトゥー禁止問題	30 分

📖 読む	**文型・表現ノート** まとめ	50 分

📖 読む	**読み物 2** Bento で日本をもっと近く	170 分	150 分

💬 話す	**会話 2** 私のおすすめ	100 分	90 分

> **会話 2** のモデル会話は、**読み物 2** と「弁当箱」というトピックで関連があるので、**読み物 2** の後に行うと**モデル会話**が理解しやすい。

✍️ 書く	**作文** インタビュー記事	120 分

ブラッシュアップ	上級へのチャレンジ・漢字チャレンジ	120 分

> **上級へのチャレンジ**②四字熟語と③ことわざ、**漢字チャレンジ**⑮「音符」と⑯知っている漢字から単語の意味を考えるを扱う。

読む インタビューに見るプロ意識 〈p.034

読みのストラテジー⑫ インタビューの質問に対する答え 〈p.040

- 下の解説を読まずに、「なぜ日本に来たのですか」という質問に対する答えのキーポイントを学習者に探させてもよい。
- 「日本で苦労したことがあったそうですが」という質問も、解説を読む前に、インタビュアーが何を聞きたいのか学習者に考えてもらう。その後、その質問に対するキーポイントを探させると、質問の意図を考える練習とキーポイントを探す練習の両方ができる。

✏**解答** 〈p.040

弁当箱を売り始めた頃のメーカーの反応について。

読みのストラテジー⑬ 何を説明している例か 〈p.041

✏**解答** 〈p.041

(1) すずらんの上位語：国花

(2) すずらんの例で説明していること：外国人の客に対するおもてなしで喜ばれたこと

- ⑫も⑬も、✏の練習問題は**読み物**本文を読まなければわからないので、**読み物**を読み進める中で確認する。

📖 **読み物 1** 「日本一の旅館」加賀屋の女将に聞く 〈p.037

目標 プロへのインタビュー記事を読んで、そのインタビューの目的がわかる。

読む前に 〈p.034

- **1.** は、旅館に泊まったことがない人にはイメージで話してもらっていい。その後、実際に泊まったことがある人に話をしてもらったり、みんなでインターネットで旅館について調べたりしてみると、より旅館について知ることができる。旅館というと「民宿」を思いうかべる学習者もいるので、ここでは「高級旅館」について調べることを伝える。
- **2.** は、学習者に自由に話してもらい、それを教師は板書しておく。その後、話した内容がカテゴリーに分けられないか話してみてもよい（例：旅館の「大きさ」「サービス」「料金・コストパフォーマンス」「料理」など）。

読み物本文 〈p.037

〈WB ▶ p.021

A 読み物1 ▶ ○×チェック

① (○)　② (○)　③ (✕)　④ (✕)　⑤ (✕)

③ (行24-31)「一人一人のお客様が求めるサービスは違うのはもちろん、同じお客様でも時によって要望が変わる」「サービスを基本通りにやっていても、60点」とあるので、「どんな客にもいつも同じサービスをする」ことではない。

④ (行49)「簡単な挨拶を英語と中国語で書いたものを持ち歩いている」のではなく、「英語と中国語は話せるスタッフがいる」

⑤ (行59-65)「変えるべきところは時代と共に変えていきたい」「先代のときは…10回はお茶を出していたものですが、今はプライバシーを重視…お叱りを受けることも」とあるので、10回以上出していたのは「今」ではない。

B 読みのストラテジー ▶ 練習

1 ・ 旅館は日本を代表する文化。
　・ 旅館は非日常の場。

2 ・ おもてなしとは、お客様の気持ちを理解したサービス。
　・ 「いいえ」「できません」を言わない。

3 ・ 文化や習慣などを調べる。
　・ 調べたことを、サービスとしてどう提供するかが大切。

4 ・ 英語と中国語以外は身振り手振りで伝える。

5 ・ お客さんに喜んでもらえることをするというのは変えたくない。
　・ 時代に合わせて、変えるべきところは変えたい。

・「ご説明する」「ご案内する」「お持ちできる」などの敬語表現に注目させる。

■ リード文・1つ目の質問 (行1-19)

(行6) まず、旅館とは…でしょうか。

Q 加賀屋の女将によると、旅館とはどのようなものか。
A 日本にしかない、日本を代表する文化。

(行10-12) その間に…頭に入れておきます。

Q 「その間」とはだれが何をしている間か。
A 旅館のスタッフが、(館内を説明しながら) 客を部屋へ案内する間

Q ①「頭に入れる」とはどういう意味か。②だれが何を頭に入れておくのか。
A ① よく理解して、しっかり覚えておくという意味。
　② 旅館のスタッフが客の浴衣のサイズを頭に入れておく。

C 読み物 1 ▶ 内容質問

1.「お持ちできる」(行11) とありますが、だれがどこに何を持っていくのですか。

<u>旅館のスタッフ</u>が<u>お客様のお部屋</u>に<u>浴衣</u>を持っていきます。

(行 13-16) また、食事の…少なくとも 7、8 回は部屋に出入りし…心がけています。

    Q なぜ 7、8 回も部屋に出入りするのか。

    A お客様にお料理を最もおいしい状態で召し上がっていただくため。

(行 16-17) このような「上げ膳据え膳」「至れり尽くせり」が旅館のサービスです。

    Q「上げ膳据え膳」「至れり尽くせり」とはどういう意味か。

    A 上げ膳据え膳：全てのことを他の人にしてもらって、自分は何もしなくてもいいこと。

        至れり尽くせり：十分世話がされていて、言うことがないこと。

(行 17-19) 旅館というのは非日常の場、…場でもあります。

    Q ①「日常の場」とはどのような場か。②「非日常の場」とはどのような意味か。

    A ① 仕事場や家など、普段、生活をしている場。

        ② 毎日の生活とは全然違う、普通の日常生活では経験できないことが経験できる場、という意味。

    Q 19 行目の「場」を修飾しているのはどこからどこまでか。

    A「都会での」から「いただく」まで。

■ 2つ目の質問 (行 20-31)

(行 20-21) 加賀屋さんは…「おもてなし」の精神について教えてください。

  ・**Q** 女将によると、「おもてなしの精神（＝おもてなしで大切なこと）」とはどのようなことか。

    A 客の気持ちを理解してサービスすること。

C 読み物 1 ▶ 内容質問

2.「十人十色」(行23) とありますが、①どんな意味ですか。調べて書きなさい。②「昔は『十人十色』でしたが、今は一人十色どころか、百色とか言われる時代」(行 23-24) とあります。つまり、昔と今の違いは何ですか。

  ①「十人十色」とは、「好み、考え、性格などは人によって違う」という意味です。

  ② 昔は「十人十色」で、<u>一人一人のお客様が求めるサービスが違う</u>だけでしたが、今は「一人十色」になり、<u>同じお客様でも時によって要望が変わることもある</u>ということです。

(行 27) サービスを基本通りにやっていても、60 点です。

    Q「サービスを基本通りにする」とはどういう意味か。

    A いつもマニュアル（サービスの基本）と同じサービスをするという意味。

  ・どのようなサービスが基本通りのサービスか考えてみる。なかなか出てこない場合は、自分の国のホテルの基本的なサービスを考える。

- **Q** どうして「サービスを基本通りにやっていても、60点」なのか。
  A 同じ客が求めるサービス（客の要望）が時によって変わることもあるから。

(行 27-29) 常にお客様が…策を練ります。

- **Q** 「策を練る」とは、何をすることか。旅館のスタッフは何をするのか。
  A どうすれば客の要望に応えられるか、（客にお願いされる前に）客が求めるサービスを提供できるか、しっかり考える。

> ⟨WB ▸ p. 022⟩
>
> **C** **読み物1 ▸ 内容質問**
> 3. 「真の意味でのお客様へのおもてなし」(行31) のためには、だれの、どのような気持ちが必要ですか。
>   <u>スタッフの、お客様が心から喜んでくださることが自分の喜びにもなるという気持ちです。</u>

■ **3つ目の質問** (行 32-37)

(行 34-36) わからなかったら、…先代からの教えです。

Q 「加賀屋ならではのおもてなし」についての「先代からの教え」とは何か。
A 「『いいえ』『できません』は絶対に言わない、わからなかったら調べて答える」ということ。

■ **4つ目の質問** (行 38-47)

(行 41-42) 文化や習慣など、その国のことをまずいろいろ調べます。

Q なぜ文化や習慣などを調べるのか。
A 日本では普通だと考えられていることや感謝されることでも、他の国や文化では失礼になるかもしれないから。

(行 42-45) スウェーデンの王室…すずらんの小さな花束…いただきました。

> ⟨WB ▸ p. 022⟩
>
> **C** **読み物1 ▸ 内容質問**
> 4. 「大感激していただきました」(行45) とありますが、だれが、何に大感激したのですか。
>   <u>スウェーデン王室の方が、国花のすずらんの小さな花束が洗面所やベッドの枕の横などに20個ほど置かれていたことに大感激しました。</u>

- 「すずらんの小さな花束」について読みのストラテジー⓭ (p. 041) の🖉の問題を確認する。

■ **5・6つ目の質問** (行 48-65)

(行 49-50) 英語と中国語は…身振り手振りでお伝えします。

Q 「身振り手振り」を使うのはどんな時か。
A 英語や中国語が通じない外国からの客と話す時。

(行 50-52) また、簡単な挨拶や…ものを持ち歩いています。

Q 「もの」を修飾している部分はどこか。
A 「簡単な挨拶」から「言語で書いた」まで。

(行 55) やはり、ものの考え方はあまり変わらないと思います。

    Q 加賀屋のおもてなしにおける「ものの考え方はあまり変わらない」というのは、具体的にどういうことが変わらないのか。

    A 「お客様に喜んでいただけることを笑顔を絶やさずにする」ということは変わらない、ということが変わらない。

> **WB** ‹ WB ▶ p. 022
>
> **C** **読み物 1 ▶ 内容質問**
>
> 5. 「変えるべきところは時代とともに変えていきたい」(行 59-60) とありますが、①女将は、例として、どのようなサービスのことを話していますか。また、②昔のサービスからどのような変化がありましたか。
>
>   ① <u>お茶</u>のサービスのことを話しています。
>
>   ② 昔は <u>10 回</u>はお茶を出していました。しかし、今は<u>プライバシーを重視する人</u>が多いので、<u>お茶を出すために部屋に出入りする回数</u>を<u>減らし</u>ました。

(行 60-63) 例えば、先代のときは、…お叱りを受けることもあります。

    Q 「お叱りを受ける」とあるが、①だれが「お叱りを受ける」のか。②だれがだれを叱るのか。

    A ① 旅館のスタッフがお叱りを受ける。② 客が旅館のスタッフを叱る。

(行 63-65) お客様がしてほしいことをし、…そして日々自分を磨き上げることが必要かと思います。

    Q 自分を磨き上げるとは、どういうことか。スタッフは何をするのか。

    A よりよいサービスができるように、マナーや言葉づかいに気をつけたり、知識を身につけたりして、日々努力し、自分をレベルアップさせること。

読んだ後で ‹ p.034

- **3.** 解答例

  お客様 の 要望 は時によって変わるので、基本通り の サービス をやっているだけでは、60 点だ。お客様が求めるサービスを提供できるようにしっかりと考えて行動しなければいけない。そして、「お客様が心から喜んでくださることが 自分の喜び にもなる」という気持ちを持ってサービスをしなければ、本当のおもてなしはできない。

- **4.** は、ホテルだけではなく、レストラン、テーマパーク、公共交通機関など、視野を広げることでいろいろな答えが出てくる。

- **5.** では、サービスだけではなく、どうしてそのサービスが自国で喜ばれるのかまで説明してもらうとよい。「自国で」だとイメージしにくいなら、自分がしてほしいサービスを考えてもらう。「アニメが好きな客」が来たら、どのようなサービスをしたら喜んでもらえるかなど具体的な例を出してペアやグループで考えさせてもよい。

- そのほかに、時間があれば、トヨタや任天堂など、時代や客のニーズの変化に合わせて事業やサービスを変化させてきた会社について簡単に調べ、どのように変化したのか、どうして変化したのかを説明させてもよい。

📖 読み物 **2** Bento で日本をもっと近く ⟨p. 038⟩

目標	プロへのインタビュー記事を読んで、そのインタビューの目的がわかる。

読む前に ⟨p. 035⟩

- 1. で昼ご飯を持っていかないと答えた学習者には、昼ご飯をどうするのか聞いてみる。家族がどうしているのか聞いてみてもおもしろい。小中学校や高校ではどうだったか聞いてもよい。

読み物本文 ⟨p. 038⟩

W.B ⟨WB ▶ p. 023⟩

A 読み物 **2** ▶ ○×チェック

① (×)　② (×)　③ (○)　④ (×)　⑤ (○)

① (行 8-9)「『何か自分でできるのではないか』と考えて」始めたのではなく、「日本の文化を紹介するブログを書いているうちに」そう思うようになった。

② (行 16-17)「昼休みに家に帰ってサンドイッチやパスタを食べる」のではなく、「家からお昼を持っていくことはある」。

④ (行 28-29)「初めから賛成してくれた」のではなく、「海外で積極的に販売するという考えがなくて、逆に『なぜ?』と質問された」。

B 読みのストラテジー ▶ 練習

⑫ インタビューの質問に対する答え

(1) 弁当箱を売り始めた頃のメーカーの反応について教えてもらえませんか。

（※テキストの読みのストラテジー⑫の練習問題✎と同じ問題）

(2) 日本の伝統的な商品について教えてもらえませんか。

⑬ 何を説明している例か

日本の伝統的な商品です。

■ タイトル・プロフィール (行 1-12)

(行 3-4) 子ども時代は、空前の日本アニメブーム。

Q「空前の日本アニメブーム」とはどういう意味か。

A アニメがその時まで（／今まで）にないくらい流行したという意味。

(行 4-5)「ドラゴンボールを見て、スーパーファミコンで遊んだ」。

どちらも知らない学習者がいるので、写真などを見せる。

(行 6-7)「…いつかは日本に」という夢を温める。

Q「いつかは日本に」の後にはどんな言葉が続くと思うか。

A「行きたい」「行くと決めていた」など。

(行 9-11) 母親から…と聞いたのがきっかけで、…を始める。

    Q「聞いた」とあるが、だれが聞いたのか。

      A ベルトランさんが聞いた。

・ベルトランさんがどこにいたのか読み取れない学習者がいるので「ベルトランさんは日本にいる
時、フランスのお母さんから聞いた」ということを確認する。

■ 1つ目の質問 (行 13-26)

(行 13-14) 弁当箱を海外で…なぜですか。

 WB ▸ p. 024

C 読み物 2 ▸ 内容質問

1.「弁当箱を海外で売ることは日本人には『灯台もと暗し』」(行 13) とありますが、①「灯
台もと暗し」の意味を書きなさい。②「弁当箱を海外で売ることは日本人には『灯台も
と暗し』」の意味を説明しなさい。

  ① 人は自分の身近にあることには、気づきにくいという意味です。

  ② 日本人にとって弁当箱は身近なものなのでその価値に気づかず、わざわざ日本
の弁当箱を海外で売ろうとは考えないという意味です。

(行 15) Bento は、小さな宇宙。

・「Bento は、小さな宇宙」でベルトランさんが何を言いたいのか確認する。

  解答例：宇宙にはいろいろなものがあり、いろいろな可能性がある。それと同じように、Bento
にも自由にいろいろなものを入れることができ、食べたくなるように美しさも表現で
き、中に入れるもので可能性が広がる。

(行 15-16) 限られた…美意識が息づいています。

    Q「限られた空間で凝縮された美を表現する」はどの言葉を修飾しているか。

      A「美意識」を修飾している。

(行 18-20) でも、日本の Bento は、…彩りよくおかずを詰める。

・「彩りよくおかずを詰める」とは、どのようなものが入っていると思うか確認する。

  解答例：お肉や野菜などが入っていて、野菜もピーマン、トマト、かぼちゃなど、いろいろな色
のものが入っている。

・考えさせた後、いろいろなおかずが入ったカラフルな弁当やキャラ弁の写真を見せるとよい。

(行 21-23) 食べる時間は 20 分ほどですが、…ドキドキします。

    Q「おなかがすいて待ちきれない」とありますが、何が待ちきれないのか。

      A 弁当（を食べること）が待ちきれない。

    Q「1 時間も前から」はどの言葉（動詞）を修飾しているか。

      A「ワクワク、ドキドキします」を修飾している。

・この「ドキドキ」するがどのような気持ちを表しているのか確認し、「ドキドキ」はほかにもいろ
いろな気持ち（期待、喜び、不安など）を表すことを説明する。

(行 23-24) 料理を作る…重きを置くフランスなら、絶対に売れる…ありました。

Q 「重きを置く」とはどういう意味か。
A 「重要だと考える」という意味。

Q 「売れる」の主語は何か。
A 弁当箱

 ‹WB ▶ p. 024

C **読み物 2 ▶ 内容質問**

2. フランスの家から持っていくお昼と、日本の Bento にはどのような違いがありますか。
フランスのお昼は、①仕切りのない容器に②１つのものを入れるだけですが、日本の Bento は食べる相手を③思いやり、④栄養のバランスを考えて、⑤彩りよく⑥いろいろなものを詰めます。

3. ベルトランさんは、なぜ「フランスなら、絶対に売れる」(行 24) と思ったのですか。
フランスは料理を作ることや時間をかけて食事を楽しむことに重きを置くからです。

(行 24-26) どんな国でも…人はいるし、…使える、と。

Q 「人」を修飾しているのはどこからどこまでか。
A 「自分で」から「行きたい」まで。

■ **2 つ目の質問** (行 27-32)

(行 27) 最初は、メーカーにけげんな顔をされたと聞きます。

Q 「けげんな顔をされた」とあるが、だれがだれにけげんな顔をしたのか。
A メーカーの人がベルトランさんにけげんな顔をした。

 ‹WB ▶ p. 024

C **読み物 2 ▶ 内容質問**

4. 「なぜ？」(行 28) とありますが、①「なぜ？」と言ったのはだれですか。②「なぜ」の後にはどのような文が続くでしょうか。
① メーカーの人。　②「なぜ海外で弁当箱を販売するのですか？」

(行 29-32) いまでは日本のメーカーと共同で…開発したり、少し前に…発案したり。

Q 「いまでは」が修飾している動詞は何か。二つ答えなさい。
A 「開発したり」と「発案したり」。

Q 「発案した」きっかけはどんなことだったか。
A 少し前にフランスでこけし風の雑貨がブームになっていたこと。

 ‹WB ▶ p. 024

C **読み物 2 ▶ 内容質問**

5. 「それら」(行 32) は何を指しますか。2 つ書きなさい。
• フタに保冷剤が内蔵されたカラフルな弁当箱
• 頭の部分がお椀になる、こけし型の弁当箱

■ **3つ目の質問** (行33-39)

(行33) 京都のお店はフランスの街角にあってもおかしくない雰囲気。

- どのようなお店なのか想像し、説明してもらう。

(行34-35) シリコンでできたバランなどもあって、…忘れてしまいます。

- 「バラン」を見たことがない人がいるので写真を見せて、何のため（食べ物同士の味や色がうつ らないようにする、お互いにくっつかないようにする）に使うのか説明する。

(行36-37) どんなものが売れているのか、自分なりに調べて…を並べています。

 WB ▶ p. 024

C 読み物 2 ▶ 内容質問

6. ベルトランさんは京都の店の商品をどのように選んで、並べていますか。
   <u>どんなもが売れているか調べて、本当に気に入ったもの、自分がほしいと思うもの</u>
   <u>だけを並べています。</u>

(行37-39) モダンでスタイリッシュなものもあれば、…ものもあります。

- 「Xもあれば、Yもある」という文構造になっていることとその意味「XやYなどいろいろなも のがある」を確認する。

■ **4つ目の質問** (行40-45)

(行41-43) 1万円近くするものもありますが、…使われているようです。

　Q「1万円近く」とは、いくらくらいか。
　A 9,800円くらい。

　Q ①「使われている」のは何か。②だれが何のために使っているのか。
　A ① 杉の香りがいい曲げわっぱの弁当箱。
　　　② 日本の伝統工芸に興味のある人がインテリアとして使っている。

(行43-45) また、石川県でつくられる…シルクスクリーンといった……職人がひとはけ、 ひとはけ塗ったような…ユニバーサルに受け入れられています。

- シルクスクリーンについて写真を見せたりして簡単に説明する。

- 「ひとはけ、ひとはけ塗った」という表現が、とても丁寧に塗ったということを表していることを 説明する。「はけ」で塗っている様子の写真や動画を見せるとよい。

　Q「受け入れられている」とあるが、①どの商品の、②何が、③だれに受け入れられているのか。
　A ①石川県でつくられる漆器の弁当箱の、②職人がひとはけ、ひとはけ塗ったような柄が、
　　　③世界中の人に（／どんな人にでも）受け入れられている

■ **5つ目の質問** (行46-48)

(行47) 日本を世界に紹介するためのかけ橋になりたいと思っています。

‹WB ▸ p. 024

C 読み物 2 ▸ 内容質問

7. 「日本を世界に紹介するためのかけ橋になりたい」(行47) とありますが、どんな意味ですか。自分の言葉で説明しなさい。

解答例：日本の弁当箱を売ることで日本を世界に紹介して、日本と世界をつなぐためにがんばりたいという意味です。

(行 47-48) コンセプトは「日本をもっと近く」です。

- 「日本をもっと近く」でベルトランさんが何を言いたいのか考える。

解答例：日本の情報を海外に発信して、海外の人に日本のことをもっと身近に感じてほしい。

読んだ後で ‹p. 035

- 3. 解答例

　フランス の 雑誌 で日本の弁当が紹介されているのを母から聞いて知ったことが弁当箱を売ろうと思った最初のきっかけだ。フランスでは 密閉容器 にパスタだけ、サンドイッチだけを入れてお昼を持っていく。しかし、日本の弁当は 栄養 のバランスも考え、彩りよくおかずをつめるので、食事を楽しむ ことを大切にするフランスでも、絶対に日本の弁当箱が売れると思い、インターネットで海外に日本の弁当箱を売り始めた。

- 4. をする前に、どのような弁当箱があるのか写真や動画で見せたほうが、意見が出やすい。「もう国で弁当箱は売っている」という学習者もいるので、ベルトランさんの例にあるもの以外にもいろいろな種類の弁当箱を見せ、自分の国のどんな料理にどんな弁当箱が合うかを考えさせてもよい。

- 5. では物に限る必要はない。また、思いつかない場合は、既に紹介されているもので、自分が好きなものについて話してもらってもよい。第8課の会話2のアイデアのブレインストーミングにもなる。

 インタビュー記事 ‹p. 049

| 目標 | ・簡単なインタビュー記事が書ける。 |

| 留意点 |
・インタビューする相手の興味があることについて、インターネットである程度調べてから質問を考えさせる。そうすることで、より深い質問をすることができる。

・大きい質問は4つ（段落構成に関するもの）だが、具体的なエピソードが聞けるように、4つの質問だけではなくもっと詳しく聞く質問を用意しておくとよいことを伝える。

・このインタビュー記事の目的は、「○○という趣味」を通してAさんのことを知ること（読者に伝えること）」なので、その趣味についての説明（例えば「○○というゲームとは一般的にどんなゲームか」）を聞くものではない点に注意させる（それはインタビューの前にインタビュアーが調べればわかること）。○○というゲームを説明するにしても、Aさんが考える魅力や、Aさんがどのようにゲームと関わっているのか具体的なエピソードを書かなければいけないことを意識して質問を考えさせる。

- 可能であれば、インタビューは録音する。
- 相手が興味があることを事前に調べる、インタビューする、記事を書く、という流れで行う場合は、時間がかかるので、何を宿題にし、何をクラス内でするのか、事前に決めておく。
- 記事の場合も、**リソースパック**または**カルテットオンライン**の書くのワークシートを使って、アウトラインを考えてから書く。
- 可能であれば、インタビューした相手に記事を読んでもらってコメントをもらい、必要に応じて加筆修正をする。

| 発展活動 |
- LMS のディスカッションボードなど、学習者同士で共有できるシステムがあればそれを利用し、お互いに記事を読んでコメントし合えば、他のクラスメートのことをもっと知るきっかけになる。
- インタビュー記事を集めておけば、後輩に読ませることができる。そうすることで、どのような記事を書けばよいのか参考になり、また、読んだ学習者は自分の興味の幅を広げることもできる。

話す　大切な物　p. 052

| 目標 |
会話1：忘れ物の問い合わせができる。
会話2：物の魅力が伝えられる。

| 留意点 |
会話1：
- 自分の持ち物を説明するのが難しい場合があるので、p. 57 を参考に説明する練習をしてから会話の練習をする。似たような持ち物の写真を準備しておき、ペアの一人がその中から1つ選んで説明し、もう一人がどのアイテムか当てるというゲームもできる。
- 「キーホルダーがあります」「お札の大きさです」などの不自然な表現が出るので、「キーホルダーが付いています」「お札が入る大きさです」など、学習者の発言に応じて必要な表現を教える。
- 練習しようの「／」の表現はどちらかを選んで使う。

会話2：
- おすすめの物はすぐに思いつかないこともあるので、2-1 やってみようは宿題にしておくとよい。その際、魅力が3つ言えるものを選ぶように伝える。また、説明してもらう時には、写真や実物を準備してきてもらうと、聞いている人はイメージしやすくなる。
- 練習しようの「／」の表現はどちらかを選んで使う。この会話パターンに沿って話す内容を考える時間を 15 ～ 20 分ぐらい取る。できた人から一人で声を出して練習する時間を取り、その後ペアやグループで発表してもよい。時間がない場合は、スクリプトを考えるのを宿題にし、発表は次の授業で行う。

| 発展活動 |
会話1：忘れ物についてメールで問い合わせる時の書き方について練習する。
会話2：少し表現を変えるだけで、おすすめの場所や食べ物などについて話すこともできるが、セールストークのようになってしまわないように注意する。

聞く 温泉事情 p.063

目標	聴解 1：温泉旅行のプランを見ながら説明と会話を聞き、内容がわかる。
	聴解 2：会話を聞き、温泉のタトゥー禁止問題についてわかる。

留意点	聴解 1：温泉に行ったことがない学習者もいるので、別府、箱根、有馬の写真を見せておく
	と、それをイメージしながらリスニングができる。
	聴解 2：• タトゥーと入れ墨には違いがあり、それを知らない学習者もいるかもしれないの
	で、事前に説明しておくとよい。
	• ディスカッション 2 の、時代の変化とともに変えたほうがいいことは、なかなか
	学習者から出てこない可能性があるので、よく話題になる伝統的なこと（例：大
	相撲の土俵に女性が上がることができないなど）を教師のほうでいくつか準備し
	ておく。

発展活動	聴解 1：• カルテットオンラインのリソースを使いノートテイキングアクティビティを行う。
	• インターネットで温泉地の人気ランキングを調べて、どこに行ってみたいか、ど
	うしてそこに行ってみたいか、特徴や魅力を説明してもらう。
	聴解 2：時代の変化とともに以前とは変わってきたことや価値観などについて話し合う
	（例：ジェンダーレス制服、同性婚、スポーツのルール、お祭りのやり方など）。

第 **1** 章 『中級日本語カルテット』について

第 **2** 章 『カルテット』を使った中級指導のヒント

第 **3** 章 各課の指導ポイント

4 技能セクションの内容と相関図

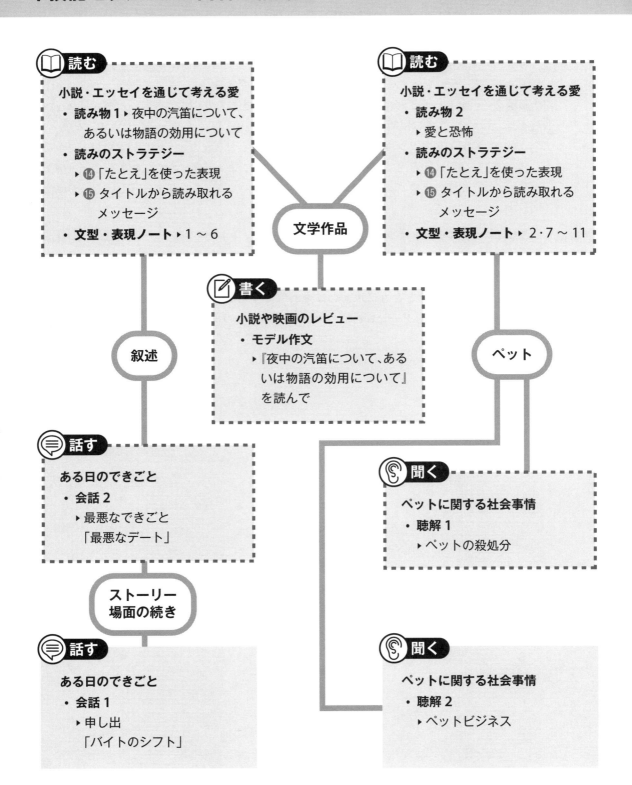

📖 **読む**

小説・エッセイを通じて考える愛
- **読み物1** ▶ 夜中の汽笛について、あるいは物語の効用について
- **読みのストラテジー**
  - ⑭「たとえ」を使った表現
  - ⑮ タイトルから読み取れるメッセージ
- **文型・表現ノート** ▶ 1〜6

📖 **読む**

小説・エッセイを通じて考える愛
- **読み物2**
  - ▶ 愛と恐怖
- **読みのストラテジー**
  - ⑭「たとえ」を使った表現
  - ⑮ タイトルから読み取れるメッセージ
- **文型・表現ノート** ▶ 2・7〜11

文学作品

✏️ **書く**

小説や映画のレビュー
- **モデル作文**
  - ▶『夜中の汽笛について、あるいは物語の効用について』を読んで

叙述

ペット

💬 **話す**

ある日のできごと
- **会話2**
  - ▶ 最悪なできごと
    「最悪なデート」

👂 **聞く**

ペットに関する社会事情
- **聴解1**
  - ▶ ペットの殺処分

ストーリー
場面の続き

💬 **話す**

ある日のできごと
- **会話1**
  - ▶ 申し出
    「バイトのシフト」

👂 **聞く**

ペットに関する社会事情
- **聴解2**
  - ▶ ペットビジネス

授業時間の目安とポイント

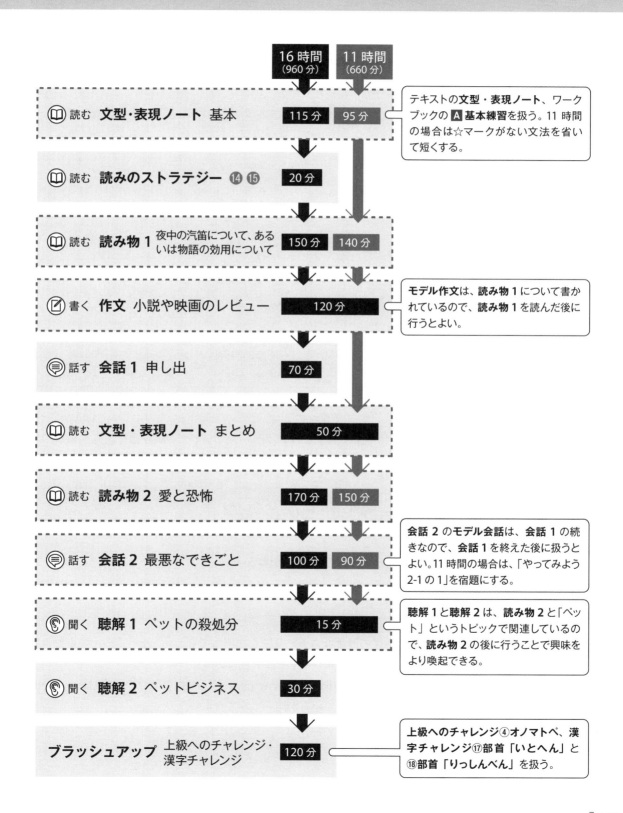

16 時間（960 分）　**11 時間**（660 分）

📖 読む　**文型・表現ノート　基本**　115 分　95 分

> テキストの**文型・表現ノート**、ワークブックの **Ａ 基本練習**を扱う。11 時間の場合は☆マークがない文法を省いて短くする。

📖 読む　**読みのストラテジー ⑭⑮**　20 分

📖 読む　**読み物 1**　夜中の汽笛について、あるいは物語の効用について　150 分　140 分

✏️ 書く　**作文　小説や映画のレビュー**　120 分

> **モデル作文**は、**読み物 1** について書かれているので、**読み物 1** を読んだ後に行うとよい。

💬 話す　**会話 1　申し出**　70 分

📖 読む　**文型・表現ノート　まとめ**　50 分

📖 読む　**読み物 2　愛と恐怖**　170 分　150 分

💬 話す　**会話 2　最悪なできごと**　100 分　90 分

> **会話 2** の**モデル会話**は、**会話 1** の続きなので、**会話 1** を終えた後に扱うとよい。11 時間の場合は、「やってみよう 2-1 の 1」を宿題にする。

👂 聞く　**聴解 1　ペットの殺処分**　15 分

> **聴解 1** と**聴解 2** は、**読み物 2** と「ペット」というトピックで関連しているので、**読み物 2** の後に行うことで興味をより喚起できる。

👂 聞く　**聴解 2　ペットビジネス**　30 分

ブラッシュアップ　上級へのチャレンジ・漢字チャレンジ　120 分

> **上級へのチャレンジ④**オノマトペ、**漢字チャレンジ⑰**部首「いとへん」と⑱部首「りっしんべん」を扱う。

4 技能セクション別 教え方のヒント

 読む 小説・エッセイを通じて考える愛 〈 p.066 〉

読みのストラテジー⑭ 「たとえ」を使った表現 〈 p.072 〉

- 「まるで〜ようだ／みたいだ」は文法項目としても扱われるが、ここではよく使われる「名詞のようだ／名詞みたいだ」を中心に例を挙げるとわかりやすい。
- 「Xほど／くらいY」は、Yの部分がよく省略されるので、Yの部分が省略されていない例を用いるとわかりやすい。「ほど」のほうが「くらい」より少し硬い表現。1のbはどんな声なのか、想像して「もしもし」と言ってもらってもよい。

✎ 解答 〈 p.072 〉

> 強調されているもの：子猫の成長ぶり (わずか4、5日で成長してしまった様子)。

読みのストラテジー⑮ タイトルから読み取れるメッセージ 〈 p.073 〉

- 授業で扱う場合は、「わたしと小鳥とすずと」の詩を学習者に読ませ、この詩のメッセージが何か考えてもらい、そう考えた理由を説明してもらう。その後、タイトルの重要性について説明する。

✎ 解答 〈 p.073 〉

> (1) ひとりぼっちだと感じ、死んでしまうくらい悲しくて辛い時間。
>
> (2) 一つの言葉だけでは本当の気持ちが表せないが、物語にすることで、複雑な気持ちが伝えられる。

- ⑭⑮ともに、✎の練習問題は**読み物**本文を読まなければわからないので、**読み物**を読み進める中で確認する。

📖 読み物 1 夜中の汽笛について、あるいは物語の効用について 〈 p.069 〉

目標	小説を読んで、ストーリーや人物の気持ちがわかる。

読む前に 〈 p.066 〉

- 1. は、時間に余裕があれば、その小説の簡単なストーリーを説明してもらい、なぜその小説が好きなのか理由も聞く。好きな小説がない人は、映画やストーリー性のあるゲームでもよい。
- 2. は、どうしてその小説が有名・人気なのか聞いてみてもよい。答えが出てこない場合は、いくつか世界的に有名な小説を準備しておいて、知っているか聞いてみてもよい。

読み物本文　〈p. 069

　〈WB ▶ p. 031

A　読み物 1 ▶ ○×チェック

①（×）　②（×）　③（○）　④（×）　⑤（○）

①（行3-4）「間を置かずにすぐ」ではなく、「しばらく考えてから」

②（行7）「起きるようにしている」ではなく、「あるとき、夜中にふと目が覚める」

④（行43-44）「悲しい気持ちになる」ではなく、「心臓は痛むことをやめる」

B　読みのストラテジー ▶ 練習

（行7-25）物語の状況：<u>真夜中</u>に<u>ひとりぼっち</u>で目を覚ました時

気持ち：<u>鉄の箱</u>に詰められて、<u>海の底に沈められた</u>ような気持ち

（行27-35）それは、人間が生きている中で経験するいちばん<u>辛い</u>ことのひとつ

気持ち：<u>(鉄の) 箱</u>の中の空気が薄くなって実際に<u>死んでしまう</u>はずだ

（行37-48）でも、その時ずっと遠くで<u>汽笛の音</u>が聞こえる

気持ち：<u>鉄の箱</u>は海面へ向けてゆっくり<u>浮かび上がっていく</u>

- 文学作品なので、事実確認の問いに加えて、意見を問う質問をする。

■第1・2段落（行1-4）

（行1-2）「あなたはどれくらい私のことを好き？」

- 自分が同じ質問をされたらどう答えるか、「～くらい好き」を使って答えてもらう。

解答例：「○○がいないと死んでしまうくらい好き」

（行3-4）少年はしばらく考えてから、…「夜中の汽笛くらい」と答える。

- 自分が「夜中の汽笛くらい」と答えられたら、どう思うか聞く。

解答例：意味がわからないと思う。

■第3段落（行5-25）

（行5-6）そこにはきっと何かお話があるに違いない。

- 少女がどうして「お話があるに違いない」と思ったのか聞く。

解答例：彼はいつも難しい話をするので、いつものように説明してくれると思ったから。

　〈WB ▶ p. 032

C　読み物 1 ▶ 内容質問

1. 「そこにはきっと何かお話があるに違いない」（行5-6）とありますが、「そこ」は何を指しますか。

「夜中の汽笛くらい」という少年の答えを指します。

（行7）「あるとき、夜中にふと目が覚める」と彼は話し始める。

Q「ふと目が覚める」とはどういう意味か。

A 理由もなく突然目が覚めるという意味。

(行9-10) でも何時かというのはそれほど重要なことじゃない。

Q「何時かというのはそれほど重要なことじゃない」とあるが、それでは、何が「重要なこと」なのか。

A 夜中に目が覚めたときに、一人ぼっちでまわりにだれもいないこと。

(行14-15) 時計はとまってしまったのかもしれないな。

・ なぜ少年は「時計はとまってしまった」と感じたのか聞く。

解答例：時計の音も聞こえないくらい深い闇に落ちて孤独を感じているから。

(行17-20) 自分が、この広い世界の…存在になってしまっていることがわかる。

Q「存在」を修飾しているのはどこからどこまでか。

A「この広い」から「思い出してさえももらえない」まで。

(行23-24) 気圧のせいで…張り裂けてしまいそうな──

Q 何が「張り裂けてしまいそう」なのか。それはどうしてか。

A 心臓が張り裂けてしまいそう。深い海の底は圧力が強いから。

■ **第4・5段落** (行26-35)

(行26) 少女はうなずく。たぶんわかると思う。

・「たぶんわかると思う」は少女が言ったことであることを確認する（少年が言ったと解釈している学習者もいるので注意する）。

(行30-32) いや、…放っておけば、箱の中の空気が…実際に死んでしまうはずだ。

Q「箱」とは何のことか。

A 深い海の底に沈められた「厚い鉄の箱」のこと。

・ なぜ少年は「死んでしまう」と思っているのか確認する。

解答例：ひとりぼっちで悲しくて辛いから。

(行32-33) それは、たとえなんかじゃない。ほんとうのことなんだよ。

 〈 WB ▸ p. 032

C 読み物1 ▸ 内容質問

2.「それは、たとえなんかじゃない」(行32-33) とありますが、「それ」は何を指しますか。
そのまま放っておけば、箱の中の空気が薄くなって実際に死んでしまうことを指します。

(行34-35) それもわかる？

Q「それ」は何を指すか。

A 真夜中にひとりぼっちで目を覚ますことの意味は、少年にとっては、実際に死んでしまうことと同じであるということ。

■ **第6・7段落** (行36-50)

(行40-41) 聞こえたか聞こえないかというくらいの音だ。

Q「聞こえたか聞こえないかというくらいの音」とはどんな音か。

A よく聞かないと聞こえないくらい小さい音。

C 読み物**1** ▶ 内容質問

3. 何がきっかけで「僕の心臓は痛むことをやめる」(行43-44) のですか。
   <u>汽笛を耳にしたこと</u>がきっかけです。

(行44) 時計の針は動き始める。

- 本当に時間は止まっていたのか、どうして時計の針が動き始めたと少年が感じたと思うか聞く。
  解答例：<u>時間は止まっていなかった。汽笛を聞いてからひとりぼっちではないと感じて、いろいろな音が聞こえるようになったから。</u>

 〈WB ▶ p.032

C 読み物**1** ▶ 内容質問

4. 汽笛を聞く前と聞いた後では、少年の気持ちにどのような変化がありましたか。どうしてその変化があったと思いますか。あなたの考えを書きなさい。
   解答例：<u>汽笛を聞く前は、実際に死んでしまうという気持ち、悲しくて辛い気持ちでした。汽笛を聞いた後は、助かった、救われたという気持ちに変わったと思います。</u>

(行49) そこで少年の短い物語は終る。

Q ①「そこ」は何を指しているか。②少年の物語はどこから始まったか。
A ①「そして僕はその汽笛と同じくらい君のことを愛している」という少年の言葉を指している。
   ②「あるとき、夜中にふと目が覚める」から始まった。

〈WB ▶ p.032

C 読み物**1** ▶ 内容質問

5. 少年が物語で少女に伝えたかったことは何だと思いますか。あなたの考えを書きなさい。
   解答例1：<u>少年にとって少女は大切で必要な存在だということだと思います。</u>
   解答例2：<u>少女のおかげで、少年は生きていると実感できるということだと思います。</u>

(行49-50) 今度は少女が自分の物語を語り始める。

- 少女がどのような物語を語り始めるのか、学習者に聞くとおもしろい。
- 読みのストラテジー**⑮**（p.073）の問題を確認する。

読んだ後で 〈p.066

- **4.**は、単語でも文でも何でもよい。どうしてその表現が好きなのか説明してもらう。
- **5.**は、すぐに答えられないかもしれないので、宿題にしてもよい。小説などに出てくる「〜くらい」を使ったたとえの表現を紹介してもよい。

| 目標 | エッセイを読んで、筆者が伝えたいメッセージがわかる。 |

読む前に ‹p. 067›

• **2.** は、時間があれば、簡単なディベートにもできる。

読み物本文 ‹p. 071›

> Ⓦ‹WB▸p. 033›
>
> **A** **読み物 2 ▸ ○×チェック**
>
> ①（○）　②（×）　③（×）　④（○）　⑤（×）
>
> ②（行11）「怖がりな性格」ではなく、「物怖じしない」性格。
>
> ③（行21）「見送りをしてくれるようになった」ではなく、「見送りにももちろん出てこない」ようになった。
>
> ⑤（行47-49）「楽天的な想像をすることもある」ではなく、「楽天的な想像は…思いつきもしない」。
>
> **B** **読みのストラテジー ▸ 練習**
>
> (1)（①愛）するものが増えることは（②恐怖）が増えることだと気づきました。
>
> (2)（③猫）を飼い始めたのがきっかけで、気づきました。
>
> (3) ③を心配して、「～たらどうしよう」とあり得ないことを（④想像）して、②を感じるようになったからです。
>
> (4) 筆者は③を①しているので、心配して②を感じます。それと同じように（⑤母親）も①する（⑥子ども）を心配して②を感じているだろうということです。

■ 第 1 段落 (行 1-6)

(行 2-3) 今まで猫を飼ったことのない私にとって、…事件であった。

Q「私」を修飾しているのはどこからどこまでか。

A「今まで」から「ことのない」まで。

Q 何が「事件」だったのか。また、なぜそれが事件だったのか。

A 家に子猫が来たことが事件だった。筆者は今まで猫を飼ったことがなかったから。

■ 第 2 段落 (行 7-11)

(行 10-11) なんというか、おおざっぱ。物怖じしない。

Q ①「おおざっぱ」、②「物怖じしない」とはどういう意味か。

A ① 細かいことを気にしない様子（／性格）という意味。

② 怖がらないという意味。

 WB ▶ p.034

C　**読み物 2 ▶ 内容質問**

1. 「おおざっぱ。物怖じしない」(行10-11) とありますが、誰が「おおざっぱ」で、「物怖じしない」のですか。

　　子猫がおおざっぱで、物怖じしないのです。

■ 第3段落 (行12-14)

(行12) びっくりした。

 WB ▶ p.034

C　**読み物 2 ▶ 内容質問**

2. 「びっくりした」(行12) とありますが、誰が、どうして「びっくりした」のですか。

　　筆者がびっくりした。猫がやってくるまで筆者は毎日不安におののいていたのに、猫は筆者の家に来てすぐに筆者の膝で寝／筆者の枕に頭をのせて寝たり、筆者の顔や腕を前脚でフミフミフミフミし、ごはん、ごはん、と催促したりして、さりげなく筆者の生活に入りこんでしまったから。

■ 第4段落 (行15-24)

(行17-19) にーにーと、こちらの胸を締めつけるような声で…ようにしていた。

- 「にーにー」が何を表しているのか確認する。また、筆者には子猫が何と言っているように聞こえるのかを、「胸を締めつけるような声」から想像させてもよい。

　解答例：子猫の鳴き声を表している。筆者には「私を一人にしないで。おいて行かないで」と言っているように聞こえる。

(行19-23) が、それも四日、五日…「出かけるの？　ふーん。じゃーにー」といったような、あっさりした態度になる。見送りにももちろん出てこない。ええーっ、そんな！ と、…成長ぶりである。

　Q ①「出かけるの？　ふーん。じゃーにー」と、②「ええーっ、そんな！」はだれの言葉か。

　A ①子猫の言葉　②筆者の言葉

　Q 「ええーっ、そんな！」とあるが、筆者のどんな気持ちを表しているか。

　A 「見送りに出てきてほしいのに」という気持ち。

- 時間に余裕があれば、「〜ぶり」(状態や様子を表す。〜している様子) の文法を説明する。
- 読みのストラテジー⓮ (p.072) の✒の問題を確認する。

(行23-24) この順応性の高さにもまた、驚かされた。

　Q ①「驚かされた」は何形か。②何がだれを驚かせたか。

　A ①使役受身形　②子猫の順応性の高さが筆者を驚かせた。

 WB ▶ p.034

C　**読み物 2 ▶ 内容質問**

3. 「この順応性の高さ」(行23) は、猫のどのような様子のことを説明していますか。

家に来たばかりの時は、【筆者】が家を出ようとすると、【猫】は筆者の胸を締めつけるような声で鳴いたが、4、5日経ったら、あっさりした態度になって、見送りにも出てこなくなったこと。

■ 第5段落 (行25-27)

(行25) そうして、気づいたことがある。

    Q だれがどんなことに「気づいた」のか。

    A 筆者が、愛するものが増えるということは恐怖が増えるということなのだということに気づいた。

(行27) 私の恐怖方面の想像力が増大している。

    Q どのような「想像」か、本文の例を使って答えなさい。

    A 南部鉄の天ぷら鍋が猫の首に落ちる、猫がトイレの水中でおぼれる、本棚が崩れて猫が本に埋もれる、猫がガスのスイッチを押してやけどをする。

■ 第6段落 (行28-37)

(行33-34) でも冷静に考えれば、ひとつひとつ、あるはずのない事態なのだ。

    Q 「考えれば」の主語はだれか。

    A 筆者

    Q 「事態」を修飾しているのはどこからどこまでか。

    A 「冷静に」から「あるはずのない」まで。

(行37) でも、こわい。

    Q だれが、何が「こわい」のか。

    A 筆者が、あるはずのない恐怖の事態が起こることがこわい。

■ 第7段落 (行38-44)

(行38-40) 世のおかあさんがたというのは、…おののいているのだろう。

- 世のおかあさんたちは子どもが小さい時、どんな「想像恐怖におののいている」か例を考えさせ、「～たらどうしよう」を使って言わせてもよい。

解答例：学校から帰る時、事故に遭ったらどうしよう。誘拐されたらどうしよう。

(行42-44) 幼稚園や小学校から、その子が帰って…思えるんじゃないか。

    Q 「思える」のはだれか。

    A 世のおかあさんがた。

> WB ▶ p. 034
>
> **C** 読み物2 ▶ 内容質問
>
> 4. 「奇跡みたいに思える」(行43) とありますが、誰が、何をすることが、世のおかあさんがたにとっては奇跡みたいなのですか。
>
> 子どもが幼稚園や小学校から帰ってくることがおかあさんにとっては奇跡みたいなことだ。

■ 第 **8** 段落 (行 45-49)

(行 45-49) 不思議なことに…思いつきもしない。

> **Q** だれが何を「思いつきもしない」のか。
>
> **A** 筆者が楽天的な想像を思いつきもしない。

> 〈 WB ▶ p. 034 〉
>
> **C** **読み物 2 ▶ 内容質問**
>
> **5.** 最後の段落 (行 45-49) から筆者が言いたいことは何ですか。
>
> 愛している猫について、筆者は「楽天的な想像」は【思いつきもしない】が、「恐怖方面の想像」は【思いつく】。「楽天的な想像」も「恐怖方面の想像」もどちらも【あり得ない】ことだが、【恐怖方面の想像】ばかりする。つまり、愛は【恐怖や悲観】との関係が深いものだと思う。

読んだ後で 〈 p. 067

- **3. 解答例**

  筆者が 子猫 を飼い始めると、猫がやけどをする、トイレでおぼれるなどの 悲観 的な 想像 をしてしまうが、猫が洗濯物をとりこんでくれる、トイレを掃除してくれるという 楽天的 な想像はしない。どちらも あり得ないこと だが、悲観的な想像をしてしまう。それは、子猫をとても愛しているので、心配しすぎて悲観的な想像ばかりして、恐怖を感じてしまうからだ。この経験から筆者は、愛は悲観に属するものだと気づいた。

- **4.** ペットを飼ったことがない人でも、想像で意見を言ってもらう。飼ったことがある人、飼ったことがない人が同じ程度いる場合は、それぞれのグループで意見を出しメモをとってもらい、お互いの意見が同じか違うか見てみるのもおもしろい。

- **5.** で「どうしてか」説明してもらう時には、「愛するもの」と「それについての楽天的な想像／恐怖の想像」の関係について話してもらうとわかりやすくなる。教師も自分の考えを準備しておく。

 書く

小説や映画のレビュー 〈 p. 082

目標
- おすすめ作品のレビューが書ける。

留意点
- おすすめの小説や映画がないという学習者は、アニメ・漫画やストーリー性のあるゲームでもよい。
- どのような作文であればその小説を読みたい、映画を見たいと思えるのか、事前に話し合っておくことで、より魅力的な作文になる。多くの人が知っている小説（ハリーポッター）や映画（ジブリ）などを例にクラス全体で考えてみてもよい。
- 「魅力 1」「魅力 2」は、初めに短い一文で魅力を述べてから、具体的な例やエピソードを使って説明する。

発展活動
- クラスメートの作文をみんなで読み、一番よかったと思う作文の作品を読んだり見たりし

て、感想を発表してもらう。

- 作文を発表にして、ビブリオバトルを行う。
- LMS のディスカッションボードなど、学習者同士で共有できるシステムがあればそれを利用し、お互いにコメントし合う。また、クラスメートの作文を読んで、見たり読んだりしたい作品を決め、その後、再びその作品の感想を投稿させてもよい。

話す ある日のできごと　p.084

目標　会話1：手助けの申し出ができる。
　　　　　会話2：まとまった話ができる。

留意点　会話1：• 申し出の会話の表現に慣れていない学習者は「車を貸しても大丈夫だと思う」や「新しいアパートに引っ越すので、よく準備したほうがいいよ」など、上から目線の言い方になってしまうことがあるので、「今日は車を使わないから、気にしないで」や「一人より二人でやったほうが、もっと早く引っ越しできるよ」など、必要に応じてより適切な表現（理由）を考えさせたり他の学習者からアイデアを出させたりする。

　　　　　• **練習しよう**の「／」の表現はどちらかを選んで使う。（　　　）は、言う必要がなければ、無理に使わなくてもよい。

　　　　　会話2：•「昨日の BBQ の話なんですが、行けなかったんです」といきなり結論を言ってしまう学習者がいるので、「最悪なことがあった」などの一言から話し始めさせる。そして、最悪なことが起こる前の状況説明をしっかりして（いかにそのイベントを楽しみにしていたか、そのためにどんな準備をしていたかなど）、最悪なことが起こる前の気持ちの盛り上がりや期待の状況を説明してから、最後に最悪な結末を話すという流れが大切であることを説明する。また、結論の最悪な出来事の部分を話す場合も、最悪な出来事①、さらに最悪な出来事②と分けて話すと、最悪度が増すことを伝える。教師がモデルを見せると伝わりやすい。

　　　　　• **練習しよう**の「／」の表現はどちらかを選んで使う。❷❸の ｜それで／だから｜のパターンを使うのが難しければ使用しなくてもよい。オノマトペを使えば、臨場感が出る（**上級へのチャレンジ④オノマトペ**〈p. 209〉参照）。この会話パターンに沿って話す内容を考える時間を 15 ～ 20 分ぐらい取る。できた人から一人で声を出して練習する時間を取り、その後ペアやグループで発表してもよい。

　　　　　• メインで話すのは最悪なできごとを話す人だが、その話を聞きながら相槌を入れたり受け答えをするのも（メイリン役の聞き手も）学習者には難しい。どのような時に「それで」を使うとよいか説明したり、他の表現（そうなんだ・ほんとに？・それは困るね、など）を事前に紹介しておくとよい。

　　　　　• 時間があれば、他のトピックでも同様にやってみる。

発展活動　会話1：• クラスで実際にありそうなシチュエーションを準備しておき、その場面について練習して、今後実際に使ってもらう。例：教科書を忘れた人に教科書を見せてあ

げる、欠席した人と一緒に勉強をする、など。

- 手助けを申し出ても、本当に助けを必要としていない場合もあるので、「遠慮しないで……」の後に再度断りを入れる会話を練習してもよい。その際には、無理に手助けを押し付けないことを説明する。また、断る側には、**第7課の会話1**で学んだ表現などを使い、相手を嫌な気持ちにさせないように気をつけるよう促す。

会話2：「最高のできごと」についても話す。その際、自慢話にならないように、必ず相手の反応を待つように伝える。この場合の、聞く人の相槌も追加する（例：すごいね・よかったね・最高じゃん、など）。

ペットに関する社会事情　p.095

目標	聴解1：ペットの殺処分の発表スライドを見ながら説明を聞き、内容がわかる。
	聴解2：会話を聞き、ペットビジネスの現状がわかる。

留意点	聴解1：• 聞く前に自国のペットの殺処分の状況について話す。
	• 聞く前に「発表概要」を見て、どんな内容の話がされるか考える。
	聴解2：ペットを飼ったことがある人とない人とではペットに関する情報格差があるので、事前にペットを飼ったことがある人に、ペットを飼うことの良い点・悪い点などについて聞いておくと、聞く前の事前準備ができる。

発展活動	聴解1：• **カルテットオンラインのリソースを使いノートテイキングアクティビティを行う。**
	• 自国のペットの殺処分について、多いのか少ないのか、どうしてそのような状況なのか調べてきてもらい、発表する。
	聴解2：ペットに着せる服、ペット用の温泉、ペットの保険など、人間の視点から作られたものを動物の視点で見て、動物はどう思うか・感じているかディスカッションする。

4 技能セクションの内容と相関図

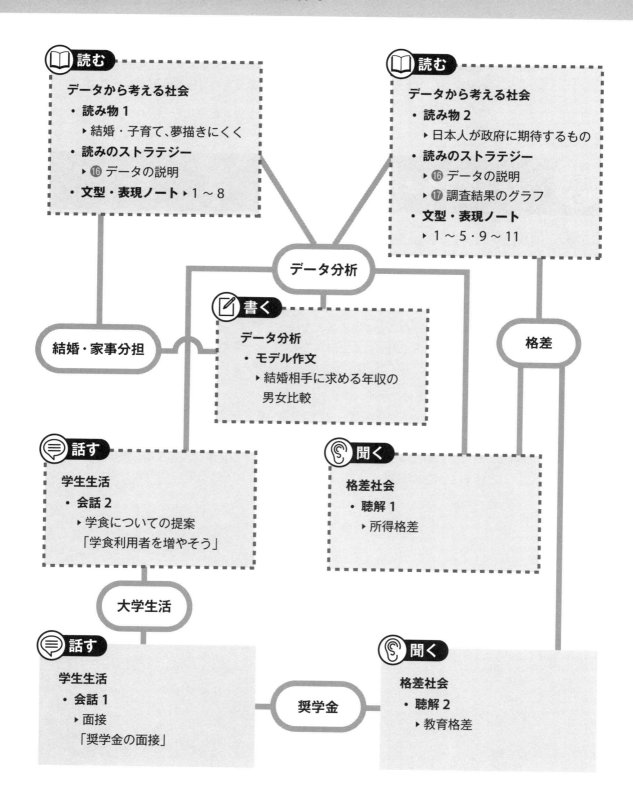

読む

データから考える社会
- **読み物 1**
  ‣ 結婚・子育て、夢描きにくく
- **読みのストラテジー**
  ‣ ⑯ データの説明
- **文型・表現ノート** ‣ 1 ～ 8

読む

データから考える社会
- **読み物 2**
  ‣ 日本人が政府に期待するもの
- **読みのストラテジー**
  ‣ ⑯ データの説明
  ‣ ⑰ 調査結果のグラフ
- **文型・表現ノート**
  ‣ 1 ～ 5・9 ～ 11

データ分析

書く

データ分析
- **モデル作文**
  ‣ 結婚相手に求める年収の
    男女比較

結婚・家事分担

格差

話す

学生生活
- **会話 2**
  ‣ 学食についての提案
    「学食利用者を増やそう」

聞く

格差社会
- **聴解 1**
  ‣ 所得格差

大学生活

話す

学生生活
- **会話 1**
  ‣ 面接
    「奨学金の面接」

奨学金

聞く

格差社会
- **聴解 2**
  ‣ 教育格差

授業時間の目安とポイント

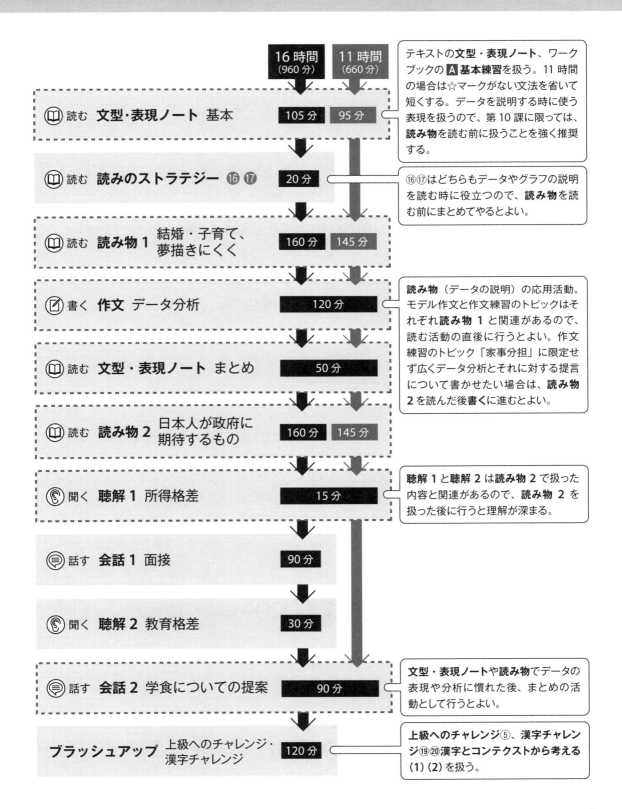

16 時間
(960 分)

11 時間
(660 分)

テキストの**文型・表現ノート**、ワークブックの **A 基本練習**を扱う。11 時間の場合は☆マークがない文法を省いて短くする。データを説明する時に使う表現を扱うので、第 10 課に限っては、**読み物**を読む前に扱うことを強く推奨する。

📖 読む **文型・表現ノート** 基本　　105 分　95 分

📖 読む **読みのストラテジー ⑯ ⑰**　　20 分

⑯⑰はどちらもデータやグラフの説明を読む時に役立つので、**読み物**を読む前にまとめてやるとよい。

📖 読む **読み物 1** 結婚・子育て、夢描きにくく　　160 分　145 分

✍ 書く **作文** データ分析　　120 分

読み物（データの説明）の応用活動。モデル作文と作文練習のトピックはそれぞれ**読み物 1** と関連があるので、読む活動の直後に行うとよい。作文練習のトピック「家事分担」に限定せず広くデータ分析とそれに対する提言について書かせたい場合は、**読み物 2** を読んだ後書くに進むとよい。

📖 読む **文型・表現ノート** まとめ　　50 分

📖 読む **読み物 2** 日本人が政府に期待するもの　　160 分　145 分

🎧 聞く **聴解 1** 所得格差　　15 分

聴解 1 と聴解 2 は**読み物 2** で扱った内容と関連があるので、**読み物 2** を扱った後に行うと理解が深まる。

🗨 話す **会話 1** 面接　　90 分

🎧 聞く **聴解 2** 教育格差　　30 分

🗨 話す **会話 2** 学食についての提案　　90 分

文型・表現ノートや**読み物**でデータの表現や分析に慣れた後、まとめの活動として行うとよい。

ブラッシュアップ 上級へのチャレンジ・漢字チャレンジ　　120 分

上級へのチャレンジ⑤、**漢字チャレンジ**⑲⑳**漢字とコンテクストから考える** (1) (2) を扱う。

4 技能セクション別 教え方のヒント

 読む ## データから考える社会 〈p. 098〉

`読みのストラテジー⑯` データの説明 〈p. 108〉

- テキストの説明を確認した後、他の短いデータ記事を読んで A ～ C を探す練習をしてもよい。その際、構成がわかりやすい記事を選ぶ。

✎ 解答 〈p. 108〉

- 結婚は当たり前ではなくなった。＝ (C)
- 郵送の世論調査で、結婚は「できるだけするべきだ」と思う人は 48％で、2012 年調査の 59％から大きく減った。＝ (A)

- ✎ の練習問題は**読み物本文**を読まなければわからないので、**読み物**を読み進める中で確認する。

`読みのストラテジー⑰` 調査結果のグラフ 〈p. 109〉

- テキストの説明を確認し、✎ の練習問題の答えをチェックする。
- 応用練習として、自分の国・地域の幸せ度を予想して、実際に調べてもらい、簡単に発表してもらうことも可能。

✎ 解答 〈p. 109〉

- 調査の質問：「失業者対策」は政府の責任か
- 「政府の責任だ」と答えた人：アメリカ 57％、オーストラリア 56％、日本 53％、チェコ 48％

- 身近なデータ（大学生を対象としたものや自分の大学で行われた調査）や最近の調査（世論調査や最近話題となっているトピックの調査）で、「質問の答えの選択肢で使われる表現：『そう思う』『かなり～』『まったく～ない』」を使ってグラフにしているものを探しておき、グラフを説明する練習をすることもできる。グラフを見せて自由に説明させるほか、教師が予めグラフを説明した短い文章を用意し、表現やデータの数字の部分を穴あきにしておき、そこを埋めさせるという練習もできる。また、テキストに載っているデータの表現以外の表現を使用している調査を用いて、語彙や表現を広げることもできる。

📖 読み物 1 ## 結婚・子育て、夢描きにくく ～朝日新聞社世論調査～ 〈p. 100〉

| 目標 | 調査報告を読んで、その結果と分析内容がわかる。 |

読む前に 〈p. 098〉

- **1.** は、あまり自分のことを話したくない学習者には、自分の周りの友達や兄弟はなんと言っているかを話させてもよい。
- **2.** は、最新の情報を調べさせる。どうしてそのような結果なのかを考えてみてもよい。

読み物本文 〈p. 100

 〈WB ▶ p. 041

A **読み物 1 ▶ ○×チェック**

①（○） ②（×） ③（○） ④（×） ⑤（○）

② (行14)「一方で、結婚イコール子ども、という意識は根強い。」とあるので、「以前と比べて大きく変化している」ではなく、大きく変化はしていない。

④ (行30-31)「何が一番問題…子育ての経済的負担に続いて、仕事と子育ての両立…挙げる人が多い。」とあるので、仕事と子育ての両立の難しさが「最も多い」ではない。

B **読みのストラテジー ▶ 練習**

(1) C　 (2) B　 (3) A

■ タイトル・第1段落 (行1-4)

(タイトル) 結婚・子育て、夢描きにくく

Q「結婚・子育て、夢描きにくく」と同じ意味を表している部分を1～4行目から探しなさい。

A (行3) 結婚や子育てに明るい未来を描けない

・「結婚や子育て」にどんなイメージを持っているか、明るい未来を描けるか、聞いてみてもよい。

■ 第2・3段落 (行5-10)

(行6-7) 結婚は当たり前では…大きく減った。

Q「結婚は当たり前ではなくなった」とはどのような意味か。

A 結婚はみんながするものである、結婚しなければいけない、という考えが一般的ではなくなったという意味。

・読みのストラテジー⓰の✐の練習問題を確認する。

Q 結婚は「できるだけすべきだ」と思う人は、2012年と、この記事が書かれた年（2019年）とでは、どちらのほうが多いか。

A 2012年のほうが多い。

(行8-10)「必ずしもしなくてよい」…「必ずしも」と答えた（図1）。

Q ①結婚は「必ずしもしなくてもよい」と考えている人は、全体の何％か。②男性と女性ではどちらが多いか。③どんな年代の人が多いか。

A ①全体の50%。②女性のほうが多い。③若年層が多い。

・自分の国・地域では結婚することは当たり前か、当たり前ではなくなっているか、またそれはどうしてなのかを聞いてみてもよい。

■ 第4・5・6段落 (行11-19)

(行11-13) 夫婦の役割分担にも…と思う人も 69%。

Q「夫婦の役割分担」とは何をすることか。

A 夫は主に働いて生活費を稼ぎ、妻は主に家事や子育てをするというように、夫婦で役割を決めて分けること。

> 〈WB ▶ p. 042〉
>
> **C 読み物 1 ▶ 内容質問**
>
> 1. 「夫婦の役割分担にも意識の変化が見られ」(行11) とありますが、どのような変化がありましたか。
>
>   「夫が主に働いて生活費を稼ぎ、妻が主に家事や子育てをする方がよい」と思う人が以前より少なくなったという変化がありました。

- 自分の国・地域では夫婦の役割分担があるか、あるとしたらその分担に何か変化がみられるか、人々の意識は変わってきているかを聞いてみてもよい。

(行14) 一方で、結婚イコール子ども、という意識は根強い。

Q ①「結婚イコール子ども」とはどんな考え方か。②「結婚イコール子どもという意識は根強い」とはどのような意味か。

A ①結婚するということは子どもを持つことだという考え方。②結婚したら子どもを持つべきだという考え方は昔から変わらず残り続けているという意味。

- 「根強い」の意味は、木が地中に深く根を張りめぐらせている絵を見せるとイメージしやすいかもしれない。

> 〈WB ▶ p. 042〉
>
> **C 読み物 1 ▶ 内容質問**
>
> 2. 行 14-16 の段落に書かれている結果からわかることは何ですか。この段落の中から探して書きなさい。(cf. 読みのストラテジー⓰ -B)
>
>   「結婚イコール子ども、という意識は根強い」です。

(行17-19) 育児についても…肯定的だった (図2)。

Q「30 代以下は低めだったが、それでも半数以上は『育児は母親が家で』に肯定的だった」とはどのような意味か。

A 30 代以下で「子どもが幼いうちは、母親が家で面倒をみる方がよい」と考えている人は、他の年代より少ないが、50%以上はそう考えている人がいるという意味。

- 自分の国・地域では「結婚イコール子ども」という意識が人々の間に残っているか、子どもが幼いうちは母親が家で育児すべきだと考える人が多いか、自分はどう思うかを聞いてみてもよい。時間があれば、「家族」の考え方について、図2の他の項目について自分の国・地域ではどうかを聞いてみてもおもしろい。

■ 第 7・8 段落 (行 20-28)

(行 20-23) 働きながら育児する…31％にとどまった（図 3）。

Q ①結婚することのメリットについて、「男性のメリット」と「女性のメリット」とどちらのほうが大きいと考える人が多かったか。②それはどうしてか。

A ①「男性のメリットが大きい」と答えた人のほうが多かった。②結婚後働きながら子育てをする女性の負担感を反映してそのような答えになったのだろう。

- 読んだ後でに結婚のメリット・デメリットについて聞く質問があるが、ここで簡単に、どんなメリット・デメリットが考えられるかを聞いておいてもよい。

(行 24-25) 非正規雇用に…つながっているようだ。

〈WB ▶ p. 042

C 読み物 1 ▶ 内容質問

3. 「非正規雇用」(行 24) とはどのような雇用のことですか。「正規雇用」との違いは何ですか。
「非正規雇用」とは、（①契約社員）や（②パート・アルバイト）など、雇用期間が限定【されている】雇用のこと。一方、「正規雇用」とは（③正社員）のように雇用期間が限定【されていない】雇用のことである。「非正規雇用」は「正規雇用」より労働時間が比較的【短く】、収入が安定【していない】という傾向がある。

- 自分の国・地域の非正規雇用の状態（多いのか、職業によって違うのかなど）について聞いてみてもよい。

(行 25-27) 晩婚化や非婚化…30％が続いた。

Q ①「晩婚化」②「非婚化」とはどのような意味か。

A ①人々が結婚する年齢が遅くなってきているという意味。②人々が結婚しなくなってきているという意味。

(行 27-28) ただ、30 代以下に限ると…4 割近くを占めた（図 4）。

Q 「晩婚化の社会的要因」として 30 代以下の回答で最も多かったのは何か。②何割か。

A ①「雇用や収入 (が安定しない)」。 ② 4 割。

- 自分の国・地域では晩婚化や非婚化が進んでいるか、それはどうしてだと思うかを聞いてみてもよい。

■ 第 9・10 段落 (行 29-35)

(行 29-31) 子育ての環境について…挙げる人が多い。

Q ①「今の日本は子どもを生み育てにくい社会」と答えた人は何％か。②どうして生み育てにくいのか、理由を二つ挙げなさい。

A ①72％。②子育ては経済的な負担が大きいから。また、仕事と子育ての両立は難しいから。

- 自分の国・地域は子どもを生み育てにくい社会だと思うか、どうしてかを聞いてみてもよい。

(行32-34)「仕事よりも家庭を…69％に達した。

Q ①「仕事よりも家庭を優先できるのが当たり前の社会になるほうがよい」とはどういう意味か。②そう答えた人は何％か。

A ① 仕事より家庭が大切だとみんなが考えることが普通の社会になってほしいという意味。
② 60％。

(行34-35) 厚生労働省によると…浮き彫りになった（図5）。

> **Ⓦ** ‹WB ▸ p. 042›
>
> **ⓒ 読み物1 ▸ 内容質問**
>
> 4. 「現実とのギャップが浮き彫りになった」(行35) とありますが、①何に対する理想と現実とのギャップが浮き彫りになったのですか。②どのようなギャップがあるのですか。
>   ① 男性の育児休業取得に対する理想と現実とのギャップです。
>   ② 男性の育児休業について「取るのが当たり前の社会になる方がよい」と考える人は7割近くいるのに、実際の育休取得率（17年度）は5％をやっと超えたばかりだというギャップがあります。

- 自分の国・地域と日本の今の育児休業取得率と取得期間を調べさせ、他の国（取得率が高い国）と比べてみてもよい。また、男性も育児休業を取りやすい環境か、政府や会社が育児休業を取得することを促す政策を行っているかなども調べてみると、テキストで述べられている問題点について理解が深まる。

■ 第11・12段落 (行36-45)

(行39-40) 8割が結婚願望を持ちながら…6割にとどまる。

Q ①どのような人が8割いて、どのような人が6割いるのか。②どうして2割の差があると思うか。

A ①将来結婚したいと思っている若者が8割いて、本当に将来「自分は結婚する」と思っている人が6割いる。②例：年収が低い層ほど「結婚しないと思う」率や「交際相手がいない」率も高いので、お金がないことが理由の1つだと考えられる。

- 自分の国・地域で同じような調査をするとどのような結果になるか、なぜそう思うか、自分はどう思うかなどを聞いてみてもよい。

(行42-43) 結婚願望を持つ人は…合わせて77％（男性75％、女性80％）。

Q ① 27％、② 50％、③ 77％は、何の数字を表しているか。

A ①「なるべく早く」結婚したい人の割合、②「いずれは」結婚したい人の割合、③「なるべく早く＆いずれは」結婚したい人の割合。

(行43-45) 一方で自分が…率も高かった（図6）。

> **Ⓦ** ‹WB ▸ p. 042›
>
> **ⓒ 読み物1 ▸ 内容質問**
>
> 5. 年収と交際相手がいるかどうかには、どのような関係がありますか。
>   年収の低い層ほど交際相手がいない率も高いという関係があります。

- 上の「郵送による世論調査」の図3では、「『女性が結婚するメリットが大きい』と答えた女性は31％にとどまった」とあり、少ないが、このインターネット調査では、「いずれ結婚する」と思うのは、男性より女性のほうが多いのはどうしてだと思うかを聞いてみる。

解答例：<u>ネット調査の対象は若者なので、結婚のデメリットについてあまり考えていないかもしれない。また、メリットが少なくても一生独身でいたいと考える女性は少ないのかもしれない。その他、若い男性はお金がなければ家族を支えられないので結婚できないと思っているが、女性は自分の年収が低いせいで結婚できないと感じている人が少なく、男性より自分は結婚ができないと考える理由が少ないのかもしれない。</u>

■ 第13・14・15 段落 (行46-56)

(行 46-47) 一方、女性の72％…「譲れない条件」と答えた。

Q 「『収入』は結婚相手を選ぶ時の『譲れない条件』」というのはどのような意味か。
A 相手の収入がいくらかということが結婚相手を選ぶ時に重要になるという意味。

(行 47-49) 相手に求める年収を聞くと…85％にのぼった（図7）。

 WB ‹ WB ▸ p. 042

C **読み物 1 ▸ 内容質問**
6. 結婚相手の年収についてどのような条件を持っている女性が最も多かったですか。
   <u>結婚相手に400万円（以上）の年収を求める女性が最も多かったです。</u>

(行 50-51) 国税庁の17年の調査では…厳しい"条件"だ。

 WB ‹ WB ▸ p. 042

C **読み物 1 ▸ 内容質問**
7. 「非正規の男性には厳しい"条件"」(行51) とありますが、なぜ非正規の男性にとって厳しいのですか。
   <u>非正規の男性の平均給与は229万円で、女性が結婚相手に求める年収400万円以上の半分程度だからです。</u>

- 自分の国や地域では結婚相手を選ぶ時に何か一般的に考えられている条件があるかを聞いてみてもよい。また、自分が結婚する際の「譲れない条件」があれば聞いてみてもよい。

読んだ後で ‹ p.098

- 3. 解答例
  調査によると、結婚するのは当たり前だと思っている人が2012年から大きく減った。また夫婦の役割分担でも意識の変化が見られ、「夫が主に働いて生活費を稼ぎ、妻が主に家事や子育てをする方がよい」と思う人は32％にとどまった。一方、育児では、母親が家で面倒をみるほうがよいと答えた人が若年層（20代以下）でも半数以上いた。また、非正規雇用に代表される不安定な雇用や収入が、特に若者の結婚への不安（晩婚化や非婚化）につながっていることもわかった。
- 4. の質問では、まず日本はどうすればよいかを聞いた後、自分の国・地域では何か少子化対策がされているかを聞いてみる。

- 第7課の会話2の「ディスカッション」のパターンを使って、ある政府が少子化対策についての会議を開いているというシチュエーションでいろいろな提案をさせ、一番良い対策を選んでもよい。
- 5.の質問は、本文を読み進める中で聞いてもよい。また、大学で簡単なアンケートを取ってみて、自分の大学の学生はどう考えているかを調べてみると、意外な意見が聞けるかもしれない。

📖 読み物 2　日本人が政府に期待するもの ～ISSP国際比較調査「政府の役割」から～ 〈p.104〉

| 目標 | 調査報告を読んで、その結果と分析内容がわかる。 |

読む前に 〈p.099〉

- 1.は最新の情報を調べさせる。なぜ失業率が高い／低いのかも答えてもらうと、その国・地域の実情が見える。

読み物本文 〈p.104〉

 〈WB ▶ p.043〉

A　読み物2 ▶ ○×チェック

①（✗）　②（✗）　③（○）　④（○）　⑤（✗）

　①図1から「チェコ」が最も少ないので日本ではない。

　②（行22-23）「58%」とあるので67%ではない。

　⑤（行40-41）「ほとんどの国で半数を超えている」とあるので、「5割以下の国が多かった」は間違い。

B　読みのストラテジー ▶ 練習

（1）失業者対策をすることは政府の責任だと考えますか。

（2）① 政府の責任である（15）%

　　② どちらかといえば政府の責任である（38）%

　　　合計（①＋②）（53）%

　　③ どちらかといえば政府の責任ではない（32）%

　　④ 政府の責任ではない（15）%

　　　合計（③＋④）（47）%

■ 第1・2段落 （行1-9）

（行2-5）NHK放送文化研究所…「政府の役割」の結果から…報告する。

　Q「結果」を修飾しているのはどこからどこまでか。

　A「NHK」から「『政府の役割』の」まで。

　Q「政府の望ましいあり方」とは、①どのような意味か。②この政府とはどこの国の政府のことか。③誰が望んでいるのか。

　A ① 国民が望んでいる政府の形や状態という意味　② 日本政府　③ 日本人

■ **第3段落** (行10-16)

Q ①「図1」の質問は何か。図のタイトルを見て答えなさい。②「どちらかといえば」も含めると、「政府の責任だ」と答えた人は、日本では全体の何％か。③その割合が最も多い国と少ない国はどこか。それぞれ何％か。（※読みのストラテジー**⑰**の練習問題と似ている問題）

A ①失業者対策は政府の責任だと思いますか。② 53％
③多い国：スペイン 96％　少ない国：チェコ 48％

(行12-14)「失業者がそれなりの生活…低い水準である（図1）。

> **WB** 〈WB ▶ p. 044〉
> **C 読み物2 ▶ 内容質問**
> 1. 「それなりの生活水準を維持できる」(行12) とありますが、どういう意味ですか。
> c. 住む場所や服、食事の心配をせず、普通の生活ができる。

Q 「各国の中では低い水準である」とは、①どういう意味か。②この「低い水準」というのは何％か。

A ①他の国と比べて、割合が低いという意味。② 53％。

> **WB** 〈WB ▶ p. 044〉
> **C 読み物2 ▶ 内容質問**
> 2. 失業者対策は政府の責任だと回答した人の割合が高いのは、どんな国ですか。
> スペインやクロアチア、南アフリカなど失業率の高い国です。

■ **第4・5段落** (行17-21)

(行17) 低所得家庭の大学生…各国の中で最少

Q 「低所得家庭」とは、どんな家庭か。

A 収入が少ない家庭。

• 低所得とは年収がいくらくらいだと思うか聞いてみてもよい。

(行20-21) 他方、日本では…各国と比べて少ない。

• 「日本では67％で、〜最も少なくなっている」は、図2で確認する。

Q 「韓国でも、日本ほどではないが」とあるが、『政府の責任』と考える人は、韓国と日本では
①どちらが多いか。②何％か。

A ①韓国　② 83％

• なぜここで韓国のデータを持ち出して述べていると思うか聞いてみる。（書くのデータ分析の作文を書く時に、グラフの何に注目して書けばよいかという視点の見つけ方のヒントになる。）

解答例：日本と結果が似ている国の中では、韓国だけが同じアジアの国で、文化も似ているところが多く比べやすいから。

■ 第6段落 (行22-26)

(行24-26) 時系列の変化…相変わらず最も少なくなっている（表1）。

> **Q** 「時系列の変化をみると～最も増加が大きい」とあるが、①何年と何年の変化を比べているか。
> ②何% pt 増加しているか。
>
> **A** 2006年と2016年　② 9%pt

- 表1で、日本が増加が一番大きいことを確認する。

- なぜ日本でも「低所得家庭の大学生への援助」は「政府の責任」と考える人が増えたと思うか聞いてみる。

> 解答例：日本の経済の状態が悪くなってきたからかもしれない。また、大学に進学することが当たり前になってきて、低所得家庭の親も子どもを大学に進学させたいと思うようになったのかもしれない。

> (WB) 〈 **WB ▸ p. 044** 〉
>
> **C　読み物2 ▸ 内容質問**
>
> **3.** 「各国の中では相変わらず最も少なくなっている」(行25-26) とは、いつの、どの国の、どんな人の割合について言っていますか。
>
> いつ？： 2016年　どの国？： 日本
>
> どんな人の割合？： 低所得家庭の大学生への援助が『政府の責任』と回答した人の割合

■ 第7段落 (行27-32)

(行27-29) 日本や韓国…は高等教育費の公的支出が低く、…あるのかもしれない。

> **Q** 「高等教育費の公的支出が低い」とは、どのような意味か。
>
> **A** 政府が大学の教育費をあまり負担していないという意味。（※本文には「低所得家庭の大学生への援助」とあるので、大学院は解答に入れていない）

(行29-32) 教育学者の小林雅之は、…「親負担主義」が…指摘している。

> **Q** 「『教育費を負担するのは家庭の役割だ』という教育観が広く社会に根づいている」とはどういう意味か。（だれが「家庭の役割だ」と考えているのか。そう考えている人は多いのか／少ないのか。）
>
> **A** 教育費は家庭が負担するものだという教育に対する考え方が社会に深く広がっているという意味。（日本人が考えている。そう思っている人は多い。）

> **Q** 「教育費の『親負担主義』が浸透していること」と同じ意味を表す部分を、この段落から探しなさい。
>
> **A** 「教育費を負担するのは家庭の役割だ」という教育観が広く社会に根づいている。

> **Q** 「これが『無理する家計』を生み出し」とあるが、①「これ」は何を指すか。②「無理する家計」とはどういう意味か。（だれが何のためにどんな無理をするのか。）
>
> **A** ①教育費の「親負担主義」が社会に浸透していることを指す。②収入に余裕がないのに、無理をして子どもを大学に進学させるので経済状況が苦しい家計。（親が、子どもを大学にいかせるために、無理をしてお金を出す。）

〈WB ▶ p. 044

C 読み物2 ▶ 内容質問

4. 教育学者の小林雅之氏によると、日本で低所得家庭の大学生への援助が「政府の責任」と回答した人が少ないのはなぜですか。
  日本では教育費は親が負担するべきだという「親負担主義」の考え方が浸透しているからです。

Q ①「指摘している」のはだれか。②その人は何が言いたいのか。どんな問題があると言っているのか

A ①小林雅之氏。②教育費の「親負担主義」が社会に浸透しているので、「政府があまり教育費を負担していないことは問題だ」と考える人が少ないという問題があると言っている。

■ 第8・9・10段落 (行33-50)

(行34) 政府による監視―許容度が高いのは、「電子メール」よりも「防犯カメラ」

Q このサブタイトルの意味を説明しなさい。

A 政府に「電子メール」を監視されることを許す国民よりも、「防犯カメラ」により監視されることを許す国民の方が多いという意味。

(行42-44) 日本では最近…ものとなっている。

Q 「取り組み」を修飾しているのはどこからどこまでか。

A 「自治体が」から「助成するなどの」まで

(行44-46) 防犯カメラによる…ないだろうか。

 〈WB ▶ p. 044

C 読み物2 ▶ 内容質問

5. 「一方」から始まる段落 (行39-46) で、筆者の考察（意見・考え）が書かれているのはどこからどこまでですか。初めと最後の7文字を書きなさい。(cf. 読みのストラテジー⓰-C)
  防犯カメラによ〜ないだろうか。

6. 日本では、①電子メールと防犯カメラと、どちらのほうが政府の監視が許容される傾向にありますか。②筆者は、その傾向になった要因についてどのように推測していますか。
  ①【防犯カメラ】のほうが政府の監視が許容される傾向にある。
  ② 防犯カメラが身近な安全を保障してくれるという安心感があるからではないだろうかと推測しています。

Q 「防犯カメラが身近な安全を保障してくれるという安心感」とはどのような意味か。防犯カメラが身近な安全を保障するとはどのような意味か。

A 防犯カメラがあると、（誰かが見ているということになるので）犯罪が少なくなり、安全に生活ができるという意味。

読んだ後で <p.099

- **3.** 解答例

　　日本では、 失業者 対策や 低所得家庭 の 大学生 への 支援 は「 政府 の 責任 」であると考える人は
他の国と比べて少ない。ほとんどの国で 8 割をこえているが、日本は（67%で）各国の中で最も
少なくなっている。

- **4.** は、どのように格差の広がりをなくすことができるのかを聞いてみてもよい。

- **5.** は、自国の問題点を調べさせ、国の政府に期待する具体的な案を発表させてもよい。

データ分析 <p. 117

| 目標 | ・ データの説明と分析が書ける。 |

| 留意点 | ・ **モデル作文は読み物 1** の内容になっているので、**読み物 1** の内容を簡単に復習すると、スムーズに導入できる。 |

- ・ タスクの**書いてみよう**で、「②本論（1）データ分析」を書く時は、全てのデータについて書く必要はなく、「③本論（2）考察」の根拠となるものを取り上げることを伝える。

- ・「③本論（2）考察」では、同じような他の調査やこのトピックに関して新聞やニュース、他の講義で学んだことなどを根拠として使うと説得力が出るので、引用するように促す。負担を減らすために、引用するものは母語で読んだり聞いたりしたものでもよい。

- ・「④結論」では、「それはよくない」という自分の意見を書くのではなく、この問題に対して政府は何をすべきかという「社会への提言」を書くことに注意させる。

| 発展活動 | ・ 男女や、世代によって差があるもの、国の間で違いがある他のデータを用いて書くこともできる。 |

- ・ 自分の国の問題についてデータ分析を書かせ、グラフを使って発表させる。発表後、グループやクラスで他の国では同じような問題があるか（学習者の国籍が異なる場合）や、解決策などについてディスカッションをする。

学生生活 <p. 120

| 目標 | 会話 1：面接で丁寧に答えられる。
会話 2：データを基にして提案ができる。 |

| 留意点 | 会話 1：・ 具体的なエピソードを入れたほうが相手の心に届くことを伝える。**モデル会話**の失敗を乗り越えて成功した例に影響され、長所ではなく単に失敗談を述べるだけの学習者がいるので気をつける。**モデル会話**のように具体例が失敗談でもよいが、そこから長所に必ずつなげることを強調する。長所を述べることが大切なので、失敗談が必ずしも必要なわけではなく、リーダーになってこんな活躍をし |

たなどの成功エピソードから自分の長所について話してもよいことを伝える。

- 「1-4 練習しよう」の会話パターンにある❸③の（　　）の表現は無理に使わなくてもよい。
- 会話パターンに沿って話す内容を考える時間を 15 ～ 20 分ぐらい取る。できた人から一人で声を出して練習する時間を取り、その後ペアで練習してもよい。時間がない場合は、スクリプトを考えてくるのを宿題にし、次の授業で、少し各自で練習する時間を取ってから、ペアで、一方が面接官になって練習する。

会話 2： ・「2-4 練習しよう」の❸と❺の「／」や「｜」の表現はどちらかを選んで使う。
- 上の**会話 1** の説明にあるような流れで、会話パターンに沿って練習を行う。

| 発展活動 | **会話 2**： ・身近な大学の施設などについて、事前に利用率や不満を聞く 3 問程度の簡単なアンケートをクラスで取っておいて、それに基づいて（このクラスから）利用者を増やすための提案などをさせてもよい。
- また、自分の国で、日本人を対象とした旅行会社に勤めているという設定で、日本人観光客は自国にどんな目的で来るかをインターネットなどで調べさせ、日本人観光客を呼び込むためのおすすめプランを社内の企画会議で提案するという活動を行うこともできる。

格差社会　◀ p. 131

| 目標 | **聴解 1**： 世帯所得状況のグラフを見ながら講義を聞き、内容がわかる。
聴解 2： 会話を聞き、教育格差の問題についてわかる。

| 留意点 | **聴解 1**： グラフを見て、どこが貧困層・富裕層か予想させ、それからリスニングで答え合わせをすると、理解が深まる。言葉が難しいので、単語を確認してから行うとよい。
聴解 2： 聞く前にで日本の小学校～大学までの学費や授業料を予想してもらい、その後いくらかかるか紹介してもよい。

| 発展活動 | **聴解 1**： カルテットオンラインのリソースを使いノートテイキングアクティビティを行う。
聴解 2： グループで、大学の学費を無料にするメリットとデメリットについてディスカッションする。

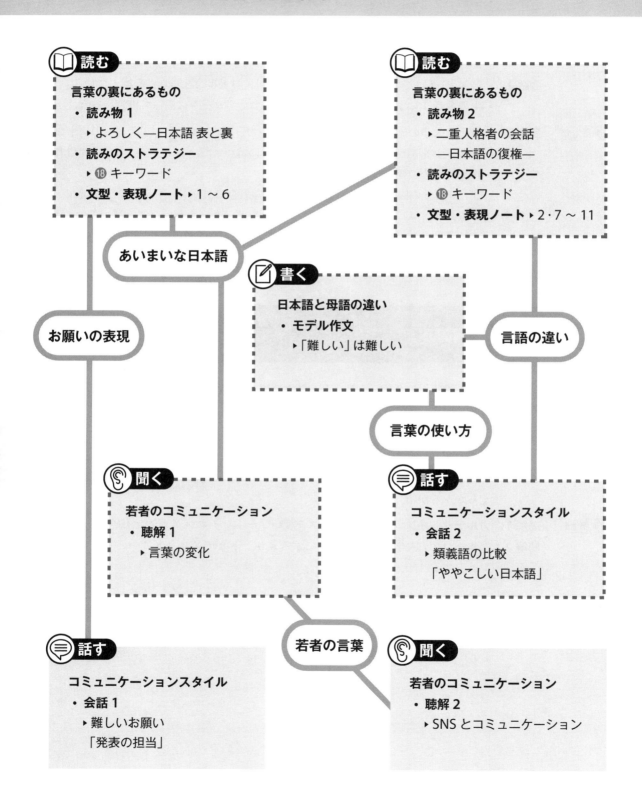

読む

言葉の裏にあるもの
- **読み物 1**
  - よろしく—日本語 表と裏
- **読みのストラテジー**
  - ⑱ キーワード
- **文型・表現ノート** ▸ 1 ~ 6

読む

言葉の裏にあるもの
- **読み物 2**
  - 二重人格者の会話
  —日本語の復権—
- **読みのストラテジー**
  - ⑱ キーワード
- **文型・表現ノート** ▸ 2・7 ~ 11

あいまいな日本語

書く

日本語と母語の違い
- **モデル作文**
  - 「難しい」は難しい

お願いの表現

言語の違い

言葉の使い方

聞く

若者のコミュニケーション
- **聴解 1**
  - 言葉の変化

話す

コミュニケーションスタイル
- **会話 2**
  - 類義語の比較
  「ややこしい日本語」

話す

コミュニケーションスタイル
- **会話 1**
  - 難しいお願い
  「発表の担当」

若者の言葉

聞く

若者のコミュニケーション
- **聴解 2**
  - SNS とコミュニケーション

授業時間の目安とポイント

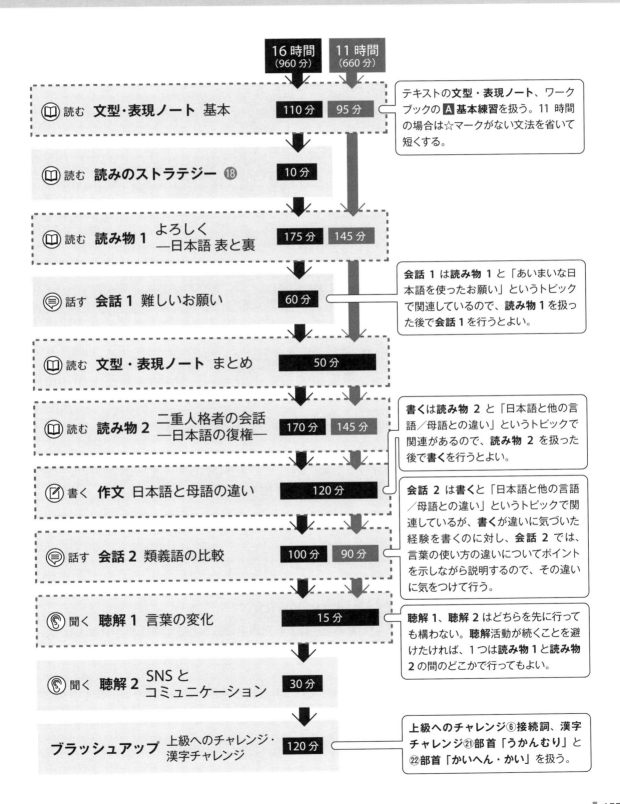

16 時間
（960 分）

11 時間
（660 分）

📖 読む **文型・表現ノート 基本**　110分　95分

テキストの**文型・表現ノート**、ワークブックの **A** **基本練習**を扱う。11 時間の場合は☆マークがない文法を省いて短くする。

📖 読む **読みのストラテジー ⑱**　10分

📖 読む **読み物 1** よろしく ―日本語 表と裏　175分　145分

💬 話す **会話 1** 難しいお願い　60分

会話 1 は**読み物 1** と「あいまいな日本語を使ったお願い」というトピックで関連しているので、**読み物 1** を扱った後で**会話 1** を行うとよい。

📖 読む **文型・表現ノート まとめ**　50分

📖 読む **読み物 2** 二重人格者の会話 ―日本語の復権―　170分　145分

書くは**読み物 2** と「日本語と他の言語／母語との違い」というトピックで関連があるので、**読み物 2** を扱った後で書くを行うとよい。

📝 書く **作文** 日本語と母語の違い　120分

会話 2 は書くと「日本語と他の言語／母語との違い」というトピックで関連しているが、**書く**が違いに気づいた経験を書くのに対し、**会話 2** では、言葉の使い方の違いについてポイントを示しながら説明するので、その違いに気をつけて行う。

💬 話す **会話 2** 類義語の比較　100分　90分

🎧 聞く **聴解 1** 言葉の変化　15分

聴解 1、**聴解 2** はどちらを先に行っても構わない。聴解活動が続くことを避けたければ、1 つは**読み物 1** と**読み物 2** の間のどこかで行ってもよい。

🎧 聞く **聴解 2** SNS と コミュニケーション　30分

ブラッシュアップ 上級へのチャレンジ・漢字チャレンジ　120分

上級へのチャレンジ⑥接続詞、**漢字チャレンジ**㉑部首「うかんむり」と㉒部首「かいへん・かい」を扱う。

言葉の裏にあるもの 〈p. 134〉

読みのストラテジー ⑱ キーワード 〈p. 140〉

- テキストの説明を確認したあと、本文を精読する前にキーワードを探し、タイトル「よろしく―日本語 表と裏」と合わせて内容を推測してみてもよい。

解答 〈p. 140〉

(1) 3回以上出てくる言葉：よろしく、依頼、要求、判断、迷惑
(2) (1) と似ている言葉：要求 ≒ 依頼、頼む
    (1) と対比して使われている言葉：判断 ⇔ 思い悩む、あれこれ考える、思案

- ✎ の練習問題 (1) はワークブックにも同じ問題があるため、ワークブックの答えを確認する際に扱ってもよい。

読み物 1 よろしく―日本語 表と裏 〈p. 137〉

| 目標 | 論説文を読んで、筆者の考えがわかる。 |

読む前に 〈p. 134〉

- **1.** は、逆に、自分の母語で日本語に訳しにくいものを聞いてみてもよい。あいさつの表現が出てこない場合は、それに限定しなくてもいい。
- **2.** は、日本語の表現だけでなく、自分の母語で頼む時、どのように頼むか（直接的に言うのか／遠回しにほのめかすのか、クッション言葉や前置きの言葉を使うのかなど）も考えてみる。

読み物本文 〈p. 137〉

 〈WB ▶ p. 051〉

A 読み物 1 ▶ ○×チェック

①（○）　②（○）　③（×）　④（×）　⑤（○）

  ③（行13-15）「そういわれると、頼まれた相手は具体的な要求を出されるよりも、もっと迷惑するのである」とあるので、具体的な要求をされるほうがいいと思っている。

  ④（行30-32）「そのような判断までこちらにさせる…冗談ではない…甘えすぎであり、虫がよすぎる、と思ったからだ」とあるので、筆者が友人に甘えているのではなく、友人が筆者に甘えている。

B 読みのストラテジー ▶ 練習

(1) ① よろしく　② 依頼　③ 要求　④ 判断　⑤ 迷惑　（相手、具体的、思い悩むも可）

---

(2) 頼む

（※ (1)(2) はテキストの読みのストラテジー⑱の練習問題（✎）と同じ問題）

(3) 「よろしく」は、日本人が相手に何か依頼する時によく使う言葉です。頼む人は、相手の負担が減らせると思い、具体的な要求をするかわりに「よろしく」を使います。しかし、頼まれたほうは、自分で何をするか判断をしなければならないので、具体的な要求を出されるよりもっと迷惑に感じます。つまり、「よろしく」は、頼む側が責任を相手に転嫁する横柄な要求の表現なのです。

■ 第1段落 (行1-6)

(行3-6) 慣用語、あるいは挨拶語…そういわれて誠実に相手の依頼にこたえようとする…わからなくなる。

> **WB** ⟨ WB ▶ p.052 ⟩
>
> **C 読み物1 ▶ 内容質問**
>
> 1. 「慣用語、あるいは挨拶語だといって聞き流せばそれまで」(行3-4) というのは、どういう意味ですか。他の言葉で説明しなさい。
> 「よろしく」という言葉を日本人はよく使うが、それはあいさつのようなもので深い意味はないと思って気にしなければそれで終わり（それでいい）、注意しなくてもいいという意味です。

Q 「そういわれて」は、「何といわれる」ということか。
A 「『よろしく』といわれる」ということ。

• 「『よろしく』の意味がわからなくなる」とあるが、どうして意味がわからなくなるのかを考えながら読み進める。

■ 第2段落 (行7-20)

(行8-11) 頼みごとをするほうは…相手が迷惑する…任せているわけである。

Q 「相手が迷惑する」とあるが、①「相手」はだれのことか。②どうして「迷惑する」と考えるのか。
A ①「よろしく」と言われた人のこと。
②「具体的な要求」が相手のでき得る範囲を超えてしまう可能性があるから。

Q 「力を貸す」は、①どういう意味か。②「力を貸す」のはだれか。
A ①「協力する」「助ける」という意味。
②「よろしく」と言われて頼まれた人、つまり「相手」のこと。

Q 「その範囲」とは、何の範囲か。
A 頼まれた人が頼んだ人に力を貸す範囲、頼んできた人を助ける範囲。

(行12-13) したがって…「お志だけで結構です」ということにちがいない。

Q 「お志だけで結構です」とはどういう意味か。
A 「気持ちだけ、無理をせず少しだけ（の金額）で大丈夫」という意味。

(行 19-20) 相手に判断を強い…失礼な話ではないか。

    Q 「判断を強い（る）」とあるが、本文では何をさせるという意味か。

      A どの程度協力するか（／いくら寄付するか）という判断をさせるという意味。

- 自国で寄付をする際に、一口いくらというやり方があるか聞いてみる。また、一口いくらと決められた範囲で寄付をするのと、まったく自由に金額を決めるのと、どちらのやり方のほうが自国で好まれるのか話してもらってもよい。

> **WB ▶ p. 052**
>
> **C 読み物 1 ▶ 内容質問**
>
> **2.** 寄付の例 (行 15-20) から筆者が言いたいのはどういうことですか。
>
> 寄付を頼まれた場合、もし「一口いくら」と具体的な金額が書いてあれば、協力することも（①<u>断る</u>）こともできる。しかし、具体的な金額がなく、「（②<u>お志</u>）で結構です」と言われると、いくら（③<u>寄付／協力</u>）すべきか悩まなければならない。つまり、「よろしく」は「②で結構です」と同じで、頼まれた相手はそう言われると思い悩まねばならず、（④<u>具体的</u>）な要求をされるよりもっと迷惑に感じる。

■ 第 3 段落 (行 21-32)

(行 21-23)「ぼくの知人の某氏が…行く。よろしく」と…受けとったのである。

- **Q**「ぼく」とはだれのことか。

    A 筆者の友人で、筆者に手紙を書いた人です。

(行 23-25) 私の友人は気軽にそう書いてよこした…見当がつかない。

- **Q**「そう書いてよこした」の「そう」は何を指すか。

    A「僕の知人の某氏がパリへ行く。よろしく」という手紙の内容を指す。

- **Q**「こちらにはさっぱり見当がつかない」とあるが、①「こちら」はだれを指すか。②「見当がつかない」とは、ここではどういう意味か。筆者は何が言いたいのか。

    A ①「よろしく」と言われた筆者を指す。

      ②「よろしく」が何を要求しているのかわからない、判断ができないという意味。

(行 25-29) 空港まで出迎えて…食事を共にしてもらえまいか、というのか。

    Q「空港まで出迎えて欲しい」「ホテルをとっておいてもらいたい」「パリを案内してやってくれ」「一度くらい食事を共にしてもらえまいか」は、だれが、だれのために、何をするのか。

    A 筆者が、筆者の友人の知人である某氏を空港に迎えに行ったり、某氏のためにホテルをとったり、パリを案内したり、一緒に食事をしたりする。

    Q「…というのか」の後にはどんな言葉が続くか。

    A「見当がつかない」「わからない」などの語が続く。

(行 29-30) 私はさんざん…具体的な依頼がないかぎり、何もしないことにした。

    Q「具体的な依頼がないかぎり、何もしないことにした」はどのような意味か（文法「〜ない限り、〜ない」の確認）。

    A「具体的な依頼がない間は何もしない、具体的な依頼があればする」という意味。

(行30-32) そのような判断…虫がよすぎると思ったからだ。

    Q「そのような判断」とはどのような判断か。

    A 筆者の友人が手紙に書いた「よろしく」が何を要求しているのかを筆者が自分で考えて、パリに来た筆者の友人の知人である某氏の面倒をみること。

> 〈WB ▸ p. 052
>
> **C 読み物 1 ▸ 内容質問**
>
> 3.「あまりにも甘えすぎであり、虫がよすぎる」(行31-32) とありますが、①誰が誰に甘えすぎなのですか。②何が「虫がよすぎる」のですか。
>
>   ① <u>友人</u>が<u>筆者</u>に甘えすぎです。
>
>   ② <u>具体的な依頼をせずに、依頼の内容の判断を筆者にさせること</u>です。

■ 第4段落 (行33-44)

(行33-34)「よろしく」という言葉は…言い方のように思える。

    Q「言い方」を修飾しているところはどこからどこまでか。

    A「相手の意志」から「尊重する」まで

(行34-36) しかし、…それは責任を…呪文ではないか。

> 〈WB ▸ p. 052
>
> **C 読み物 1 ▸ 内容質問**
>
> 4.「それ」(行35) は何を指しますか。
>
>   「よろしく」という言葉を指します。

(行36-38) どのようなことであれ、判断をくだすということは…努力を必要とする。

    •「判断をくだすということは、それなりに努力を必要とする」について、何かについて判断をすることには努力が必要だと思うか、例をあげて説明してもらってもよい。

    解答例：判断には努力が必要だと思う。例えば、友達との集まりで、「何でもいいから飲み物を買って来て」と言われた場合、自分はコーラが飲みたいが、炭酸が嫌いな人もいるかもしれないし、甘い飲み物を飲みたくない人もいるかもしれないので、お茶がいいかもしれない。しかし、カフェインを取りたくない人もいるかもしれない。色々な種類を買っていければいいが、飲み物が余ると後で困ってしまうなどとあれこれ考えなければいけないから。

(行39-40) その面倒な思案を放棄して…無礼にもなりかねない。

    Q「放棄する」のはだれか。

    A「よろしく」と言ってお願いをする人。

(行40-44)「よろしく」…「よきにはからえ」などというのは…何ものでもないのである。

> **W̧B** ‹WB ▸ p. 052
>
> **C 読み物 1 ▸ 内容質問**
>
> 5. 「よきにはからえ」(行41) について答えなさい。
>   ① 「よきにはからえ」の意味を調べなさい。
>   <u>指示を待たずに、よい結果になるように自分の判断で適切に進めてくださいという意味です。</u>
>   ② 誰がどんな時に使う言葉ですか。
>   <u>殿様が家来に命令する時に使う言葉です。</u>
>   ③ この例を通して筆者が言いたいことは何ですか。
>   <u>c.「よろしく」は「よきにはからえ」と同じように相手に責任を押しつける失礼な言い方だ。</u>

読んだ後で ‹p. 134

- **3. 解答例**
  「よろしく」と言って 依頼 すると、具体的な要求をせず相手（頼まれた人）に何をするか決めさせるので、一見 相手の意志や判断 を 尊重 しているように見えるが、（頼んだ人が）判断の 責任 を相手（頼まれた人）に押し付けることになるので、無礼 になることもある。
- **5.** で、どうして日本人が「よろしく」をよく使うか考えた後に、自分が「よろしく」を日本人に使わなかった場合に何か問題があると思うかについても考えてみてもよい。

📖 読み物 2 二重人格者の会話—日本語の復権 ‹p. 138

| 目標 | 論説文を読んで、筆者の考えがわかる。 |

読む前に ‹p. 135

- **1. 2.** は、使う表現の選択やトーン、ジェスチャーなどにも違いがあるか振り返らせる。

読み物本文 ‹p. 138

> **W̧B** ‹WB ▸ p. 053
>
> **A 読み物 2 ▸ ○×チェック**
>
> ① (×) ② (○) ③ (○) ④ (×) ⑤ (×)
>   ① (行1-5) 友人は一人で、筆者とその友人が二人で話している時、四人で話しているように感じるので、友人が 3 人いるわけではない。
>   ④ (行19-22) 「俗論とばかりは言いきれまい」とあるので、「あり得ないと思っている」は間違い。

⑤(行34)「『お茶』と言わず『お茶でも』とぼかす」とあるので、「お茶を飲みませんか」と言うほうがはっきりしている。

B 読みのストラテジー ▸ 練習

(1) ① 日本語　② あいまいな

(2) ① フランス語　② ストレートな

(3) 使用する言語のちがいによって、性格も異なってきます。あいまいな日本語はあいまいな日本人を製造し、ストレートなフランス語はストレートなフランス人を製造します。

■ 第1段落 (行 1-5)

(行 1-3) 彼女と話すとき…くるくるとかけめぐる…不思議な感覚におそわれる。

Q 「フランス語と日本語とのあいだをくるくるとかけめぐる」は、本文の中でどのように言いかえられているか。（ヒント：AのB）

A 二ヵ国語の交錯

 〈 WB ▸ p. 054

C 読み物 2 ▸ 内容質問

1. 「不思議な感覚」(行 3) とは、どのような感覚ですか。
   2人で会話をしているのに、4人で会話をしているように感じる不思議な感覚です。

(行 3-5) なんだか…四人の会話がなされているような気がしてくるのである。

Q 「四人の会話」の「四人」とはだれか。

A フランス語を話すフランス人、日本語を話すフランス人、フランス語を話す日本人、日本語を話す日本人の四人。

■ 第2段落 (行 6-11)

(行 6-8) たとえば、拒絶の姿勢を示すとき、……とやる。あるいはまた…と持ちかけてくる。

Q 「拒絶の姿勢を示す」とはどういう意味か。

A 「嫌だ」という態度を表したり、断ったりすること。

Q 「持ちかけてくる」とありますが、だれがだれに何を持ちかけるのか。

A フランス人の友人が筆者に頼みごとを持ちかける。

(行 8-11) 私の方は私の方で、…言葉をにごしたいときには…こたえることになる。

Q 「言葉をにごす」とは、どのような意味か。

A あいまいに言うという意味。

Q 6〜11行目の説明から、①フランス語はどんな時に使われるか。②日本語はどうか。

A ① 拒絶の姿勢を示すときや、はっきりした返答を求めるときは、フランス語が使われる。
　② 頼みごとをするときや、適当に言葉をにごしたいときは、日本語が使われる。

■ 第3段落 (行 12-17)

(行 12-14) 細かい詮索は…共通していると言えようか。

• 前の段落の表現が言い換えられていることに注意する。どんなときどの言語を使うか整理する。

① 拒絶の姿勢を示すときや、はっきりした返答を求めるとき
　　＝論理的でストレートに話したいとき（はフランス語を使う。）
② 頼みごとをするときや、適当に言葉をにごしたいとき
　　＝情的であいまいに話したいとき（は日本語を使う。）

(行 14-17) いずれにしても、双方が、…心なしか…見えてくるのである。

　Q 「双方」はだれを指すか。

　A 筆者と、筆者のフランス人の友人を指す。

> (WB) 〈WB ▸ p. 054
>
> C 読み物 2 ▸ 内容質問
>
> 2. 「それぞれの国語によって表現しやすい二つの人格を、いつのまにか、うまく使い分けている」(行 14-15) とありますが、筆者と友人は何をどのように使い分けているのですか。
> あいまいにしたい／情的であいまいにしたい時には日本語を使い、はっきりしたい／論理的でストレートに表現したい時にはフランス語を使うというように使い分けている。

　Q 筆者にとって友人はどのように「二重人格者」なのか。どうして「二重人格者」に思えるのか。

　A 日本語を使うときは「おとなしく」、フランス語を使うときは「手ごわい」という二つの人格を持っているから。

■ 第 4 段落 (行 18-24)

(行 18-19) こうした事実は…示している。

　Q 「こうした事実」はどのような事実を指しているか。

　A 状況によって、使う言語とその言語が表現しやすい人格を使い分けているという事実を指している。

(行 19-22) 一般に…俗論とばかりは言いきれまい。

> (WB) 〈WB ▸ p. 054
>
> C 読み物 2 ▸ 内容質問
>
> 3. 「俗論」(行 22) とは、例えばどんなことですか。本文に書かれている俗論を 2 つ説明しなさい。
> イタリア語は陽気なイタリア人をつくり、キングズ・イングリッシュは落ち着いたイギリス人をつくることです。

　Q 「あながち、俗論とばかりは言いきれまい」というのはどういう意味か。

　A 「必ずしも、俗論（世の中で言われているつまらない意見）に過ぎないとは言えない」という意味。

(行 22-24) その点から…平板な国民を生み出しているように思われる。

> (WB) 〈WB ▸ p. 054
>
> C 読み物 2 ▸ 内容質問

4. 「その点」(行22) とはどのような点のことですか。
   使用する言語のちがいによって、私たちの性格も大きく異なってくる点のことです。

Q 「平板な国民」とはどのような国民だと思うか。
A 個性が目立たない、自己主張をあまりしない国民。

■ 第5段落 (行 25-29)

(行 27-29) それを検証しようとする…わが同胞が…考えてみるにしくはない。

Q 「それ」はどのようなことを指すか。
A あいまいな表現をする日本語が、あいまいな日本人を製造しているのではないかということを指す。

• 表現「Xにしくはない」は「Xのが最もいい」と言う意味であることを確認する。

 WB ▸ p. 054

C 読み物 2 ▸ 内容質問
5. 「わが同胞」(行28) とはどこの国の人のことですか。
   日本人のことです。

■ 第6・7段落 (行 30-37)

(行 30) あのう、よろしかったら、…飲んでいきませんか。

Q 「あのう、よろしかったら、ちょっとそのへんで、お茶でも飲んでいきませんか。」は、①だれが、どんな時に言う言葉か。②この中から「あいまいな表現」を探しなさい。③そう言われた人は、どんなあいまいな表現を使って返事をするか。
A ① 日本人の男性が女性をデートに誘うときに言う言葉。
  ②「あのう」: ぼんやりと相手の注意を喚起する
   「よろしかったら」: 自己主張をあいまいにする
   「ちょっと」: 軽い物言いにする
   「そこ」ではなく「そのへん」、「お茶」ではなく「お茶でも」と言ってぼかす
  ③「ええ、では」とか「そうね、じゃあ、まあ」とか、あいまいな表現を使って返事をする。

• 自国で男性がどのように女性をデートに誘うのか (思い浮かばない人は自国の映画やドラマの中ではどのようなセリフを言っているか)、日本語のセリフに訳して言ってもらうのもおもしろい。

 WB ▸ p. 054

C 読み物 2 ▸ 内容質問
6. 「わがイタリアの友人などからすれば、さぞかし歯がゆい話であるにちがいない」(行36-37) とありますが、①何がイタリア人にとって歯がゆいのですか。また、②なぜ歯がゆいのですか。
   ① 日本人男性が女性をデートに誘うときのセリフがイタリア人にとって歯がゆいです。(※女性がそれに答える部分を含んでもよい)
   ②（はっきり誘わず）あいまいだからです。

- 3. 解答例

  筆者は、使用する言語によって、その人の 性格 も大きく変わると言っています。例えば、 論理的 で ストレート な表現のフランス語を使うと自己主張が強い 性格 になり、 情的 で あいまい な表現の日本語を使うとおとなしい性格になるということです。そして、日本人がおとなしく、あいまいだと言われるのは、このような日本語の性質を受けているからなのではないかと考えています。

- 4. は、どうしてか説明してもらう時に、その性格を表す表現やセリフも合わせて説明してもらうとわかりやすい。

- 5. は、どうしてそう思うのか、また、うまくいった例、うまくいかなかった例があれば挙げてもらう。また、同じ言語でも、話す相手や場所（状況）によって性格を変えることがあるか聞いてみてもよい（例：積極的に発言する学習者が多いクラスでは普段は手を挙げなくても自分もよく発言するようになるか、静かなクラスではあまり発言しなくなるか、など）。

- また、「性格を変える」ということをイメージできない学習者もいるので、先生の前で真面目なキャラクターを演じたり、明るい友達と話す時は明るくなったり、静かな友達と話す時は静かになるなど、モードを変えることがあるか、それを母語でするのか、母語でするなら外国語を話す場合にもするのか聞く。母語で受ける授業では積極的に意見を言うが日本語のクラスでは静かな人が多いので自分も静かになるなど。日本語が下手なので日本語を話す時は静かになると答える学習者もいるがここでは言語の上手下手は問題にしていない。

書く　日本語と母語の違い　 p. 148

| 目標 | ・言葉についての気づきと考察が書ける。 |

目標　・言葉についての気づきと考察が書ける。

留意点　・日本人と接した時に気づいた場合以外にも、アニメやドラマを見ていて気づいたことなどでもよい。自分の経験からどうしても例が出てこない場合は、自分の母語を学んでいる留学生にそのような経験がないか聞いてみて、それについて作文を書くという選択肢を入れてもいい。

発展活動　・作文を書いた後、小グループでスピーチを行って、同じ経験があるかクラスメートに聞いてみてもよい。
　　　　　・LMS のディスカッションボードなど、学習者同士で共有できるシステムがあればそれを利用し、他の学習者からコメントをもらってもよい。

コミュニケーションスタイル `p. 150`

目標	会話 1： 難しいお願いができる。
	会話 2： 類義語の意味や使い方の違いが説明できる。

留意点	会話 1：・「旅行に行くので試験を別の日に受けたい」など、失礼な理由にならないように気をつけさせる。「期末試験の時間が重なってしまった、就職の面接が入ってしまった」などやむを得ない理由でなければ相手に失礼になると伝える。
	・「1-4 練習しよう」の会話パターンの❸では、お願いしなければいけなくなった理由を説明する。❹では、やむを得ない状況であることを詳しく説明し、もう一度強くお願いする。❺では、いい妥協案を提案するように促す。
	・❷の（　　）の表現は必要でなければ使わなくてよい。相手が知っている内容でなければ使えない。まだ推薦状を頼んでいないのに、「推薦状のことなんですが」とは言えない。
	・1、2 分程度お願いの理由や状況、断られた時の代案などを考える時間を取ってからペアで会話を行うとスムーズにできる。
	会話 2：・「2-4 練習しよう」の❺の「／」の表現はどれかを選んで使う。

発展活動	会話 2： 自分で同じような意味を持つ言葉を 2 つ選び、違いを説明するスピーチを行う。発表者が先生になって授業をし、練習問題を作成して他の学習者に解かせてもよい。

若者のコミュニケーション `p. 161`

目標	聴解 1： 言葉の変化の図表を見ながら講義を聞き、内容がわかる。
	聴解 2： 会話を聞き、SNS と対面コミュニケーションの違いや問題点についてわかる。

留意点	聴解 1：・単語を確認してから行うとよい。
	・日本語の変化について何も知らない学習者もいるので、聞く前に例を教えてもよい。例えば、「やばい」は、困ったり、失敗したりした時など、都合が悪い場合に使われていたが、最近では、すごい、かっこいい、おいしいなど肯定的な意味でも使われるなど。
	聴解 2： 聴解に入る前に、どのような SNS を使っているか、それぞれの違いや良い点、悪い点について聞いてみてもよい。

発展活動	聴解 1： カルテットオンラインのリソースを使いノートテイキングアクティビティを行う。
	聴解 2： 言葉の変化や若者と SNS に関する短めのニュース動画は見つけやすいので、聴解練習後最新のものをインターネットなどで探して見せ、必要に応じてディスカッションをしてもよい。また若者言葉を調査し、どのような背景からその言葉が生まれたか（言葉が変化したか）を調べてもおもしろい。

4 技能セクションの内容と相関図

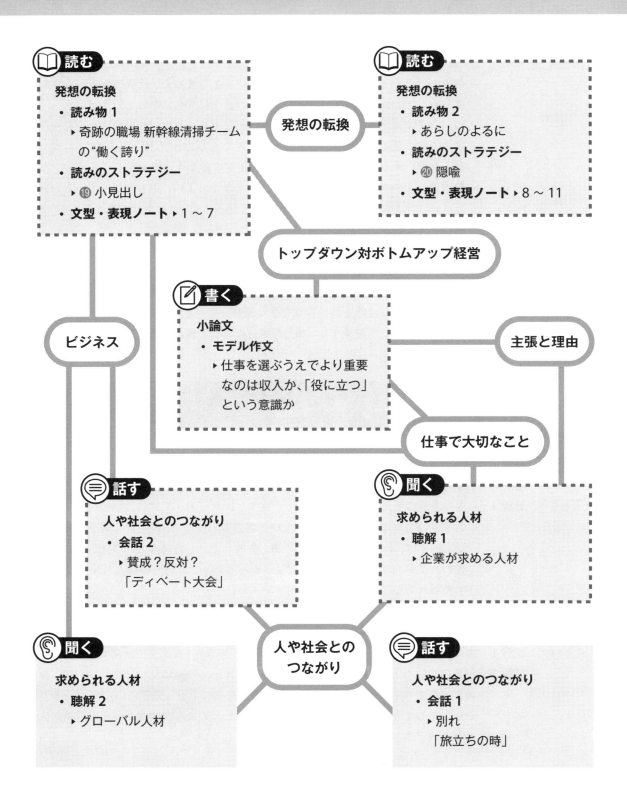

読む

発想の転換
- **読み物 1**
  - ▶ 奇跡の職場 新幹線清掃チームの"働く誇り"
- **読みのストラテジー**
  - ▶ ⑲ 小見出し
- **文型・表現ノート** ▶ 1 ～ 7

発想の転換

読む

発想の転換
- **読み物 2**
  - ▶ あらしのよるに
- **読みのストラテジー**
  - ▶ ⑳ 隠喩
- **文型・表現ノート** ▶ 8 ～ 11

トップダウン対ボトムアップ経営

書く

小論文
- **モデル作文**
  - ▶ 仕事を選ぶうえでより重要なのは収入か、「役に立つ」という意識か

ビジネス

主張と理由

仕事で大切なこと

話す

人や社会とのつながり
- **会話 2**
  - ▶ 賛成？反対？「ディベート大会」

聞く

求められる人材
- **聴解 1**
  - ▶ 企業が求める人材

聞く

求められる人材
- **聴解 2**
  - ▶ グローバル人材

人や社会とのつながり

話す

人や社会とのつながり
- **会話 1**
  - ▶ 別れ「旅立ちの時」

授業時間の目安とポイント

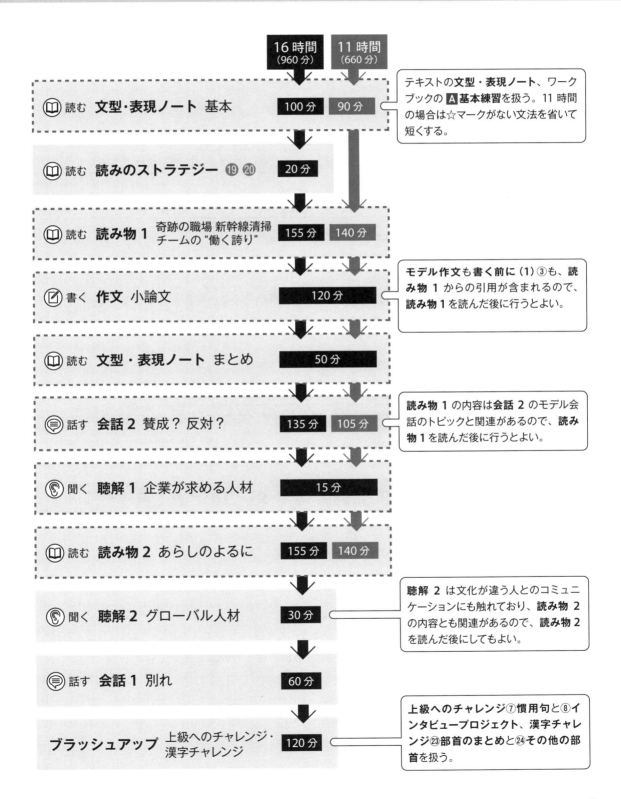

16 時間 (960 分)　**11 時間** (660 分)

		16時間	11時間
📖 読む	**文型・表現ノート** 基本	100 分	90 分

> テキストの**文型・表現ノート**、ワークブックの **A** **基本練習**を扱う。11 時間の場合は☆マークがない文法を省いて短くする。

📖 読む	**読みのストラテジー** ⑲ ⑳	20 分

		16時間	11時間
📖 読む	**読み物 1** 奇跡の職場 新幹線清掃チームの "働く誇り"	155 分	140 分

✏️ 書く	**作文** 小論文	120 分

> モデル作文も書く前に (1) ③も、**読み物 1** からの引用が含まれるので、**読み物 1**を読んだ後に行うとよい。

📖 読む	**文型・表現ノート** まとめ	50 分

		16時間	11時間
💬 話す	**会話 2** 賛成？ 反対？	135 分	105 分

> **読み物 1** の内容は**会話 2** のモデル会話のトピックと関連があるので、**読み物 1**を読んだ後に行うとよい。

👂 聞く	**聴解 1** 企業が求める人材	15 分

		16時間	11時間
📖 読む	**読み物 2** あらしのよるに	155 分	140 分

👂 聞く	**聴解 2** グローバル人材	30 分

> **聴解 2** は文化が違う人とのコミュニケーションにも触れており、**読み物 2** の内容とも関連があるので、**読み物 2**を読んだ後にしてもよい。

💬 話す	**会話 1** 別れ	60 分

ブラッシュアップ	上級へのチャレンジ・漢字チャレンジ	120 分

> 上級へのチャレンジ⑦慣用句と⑧インタビュープロジェクト、漢字チャレンジ㉓部首のまとめと㉔その他の部首を扱う。

4 技能セクション別 教え方のヒント

発想の転換 <p. 164>

読みのストラテジー ⑲ 小見出し <p. 170>

- テキストの説明を確認したあと、🖉の練習問題の答えをチェックする。次のことを意識して予想するとよい。(1)「集団」とは何を指すのか。(2)「スタッフ」とは誰か。

🖉 解答 <p. 170>

(1) 7分で新幹線を掃除し、時間通りに運行させる人たちについて
(2) 新幹線清掃の職場は「きつい・汚い・危険」な職場だが、スタッフはやる気にあふれている（という矛盾について）
(3) 新幹線の清掃を行うスタッフが、それをしてもお金がもらえない（給料が変わらない）仕事を喜んで行っているのはなぜかということについて

読みのストラテジー ⑳ 隠喩 <p. 171>

- 「あらしのよる」が何を意味しているかは、読み物2を読み進める中で答え合わせをする。
- テキストの説明を確認したあと、余裕があれば、隠喩が含まれた短い文をインターネットなどで探しておき、練習問題として追加してもよい。

🖉 解答 <p. 171>

- 隠喩が含まれている文：ぜひ「あらしのよる」を体験してほしいと思う。
- 意味：「あらしのよるに」の物語のように、常識になっている敵対関係を疑ってほしい。

- 🖉の練習問題は読み物本文を読まなければわからないので、読み物を読み進める中で確認する。

読み物 1 奇跡の職場 新幹線清掃チームの"働く誇り" <p. 166>

| 目標 | ビジネス書を読んで、その経営哲学がわかる。 |

読む前に <p. 164>

- 1. は、自分のイメージだけではなく、自国でどのようなイメージがあるか聞いてみてもよい。
- 2. は、調べてきたことを発表させた後、TESSEI の清掃の様子の動画を見せてもよい。

読み物本文 ◁ p. 166

> Ⓦ ◁ WB ▸ p. 061
>
> **A 読み物1▸○×チェック**
>
> ①（×）　②（×）　③（○）　④（×）　⑤（○）
>
> ①（行3-4）「テッセイの新幹線清掃、その最大の特徴は『掃除の速さ』」とあるので、「礼儀正しいこと」は間違い。
>
> ②（行12）「もし忘れ物があれば紛失しないようにしっかり管理し」とあるので、「JRに連絡する」は間違い。
>
> ④（行33-34）「お辞儀、あるいはご案内…収入の範疇には入りません」とあるので、「収入は増える」は間違い。
>
> **B 読みのストラテジー▸練習**
>
> (1) ① 自己肯定感　② 自信　③ お金になること　④ 感謝
>
> (2) 自己肯定感や自信につながるからです。

■ 第1・2段落 (行1-14)

(行1) 7分で新幹線をきれいにし、定刻通り運行する集団

- 「集団」とは何を指すのか考えながら読む。

(行3-4) テッセイの新幹線清掃、その最大の特徴は…にあります。

Q 「その最大の特徴」の「その」は何を指しているか。

A テッセイの新幹線の清掃を指している。

(行4-6) CNNの番組内で"7 minute miracle"と表現された…しまうのです。

Q どんなことが「"7 minute miracle"と表現された」のか。

A （テッセイが）たった7分で新幹線をきれいにしてしまうこと。

> Ⓦ ◁ WB ▸ p. 062
>
> **C 読み物1▸内容質問**
>
> 1. セクション1（行1-14）を読んで（　　　）に適当な言葉を入れ、内容をまとめなさい。
>   - TESSEI：東北新幹線や上越新幹線の（① 掃除）を担当する会社
>   - 最大の特徴：（② 掃除の速さ）。CNNの番組は（③ 7 minute miracle）と表現。
>   - 清掃の内容：（④ 多種多様）。
> 2. 「清掃といっても、……多種多様」（行7-14）とありますが、この部分で筆者が言いたいことは何ですか。
>   「清掃」といっても、しなければならないことは種類も内容もいろいろあるということです。

Q 小見出しの「集団」とは何を指すか。

A テッセイ

(行 15) **スタッフがやる気にあふれる「きつい・汚い・危険」な職場**

- 「スタッフとは誰か」。「『きつい・汚い・危険』な職場なのに、どうしてやる気にあふれているのか」考えながら読む。

(行 16) **1980 年代のバブル全盛期、「3K」…あります。**

Q 「バブル全盛期」というのはどんな時代か。

A 景気がよかった「バブル」という時代の中で、特に景気がよかった 1986 年から 1991 年くらいまでの時のこと。

(行 17-18) **「きつい・汚い・危険」の…敬遠されがちな仕事に…ものです。**

Q 「敬遠されがちな仕事」とあるが、どういう意味か。①自分の言葉で説明しなさい。②また、どんな仕事が敬遠されがちな仕事か例を挙げなさい。

A ① みんなにやりたくないと思われる（嫌がられる）仕事という意味。

② 工事や建設の仕事、清掃の仕事、看護師、水産業の仕事などの、きつくて大変な仕事。

(行 19-20) **けれども…やる気にあふれています。**

Q 「けれども」とあるが、何と何を対比しているか。

A 3K の仕事である新幹線清掃の仕事をしている人のイメージとテッセイのスタッフの表情を対比している。

Q 「やる気にあふれる」とは、どういう意味か。

A 何かをやろうとする積極的な気持ちがとても強いという意味。

(行 22-23) **しかし…この会社が現場ありきの「全員経営」を目指している…思います。**

Q 「現場ありきの『全員経営』」とあるが、現場ありきではない場合はどのような経営になるか。

A 現場のことを考えないで上の人だけで決めるトップダウン経営

(行 24-27) **決められた制服…季節を感じていただくためのアイデア…始まりました。**

Q 「感じていただくためのアイデア」の「アイデア」を修飾しているところは、どこからどこまでか。

A 「お客様に」から「ための」まで。

Q ①「始まりました」の主語は何か。②何がきっかけで始まったのか。

A ① （お客様に季節を感じていただくための）アイデア（は）　②現場の社員のアイデアがきっかけで始まった。

(行 27-28) **そしてそれら 1 つひとつが、本来なら「3K」の職場に活気を与えることになっているのです。**

Q 「本来」の 3K の現場はどんなところだと思うか。テッセイの「実際」の様子はどうか。

A テッセイの仕事は 3K なので（3K の仕事は）、本来は、みんなやる気がなく嫌がって仕事をしている現場というイメージがある。しかしテッセイの実際の様子は、そうではなく職場に活気がある。

Q 「それら 1 つひとつが〜活気を与えることになっているのです」とあるが、①それらとは何か、②どうしてそれらが職場に活気を与えるのか。

A ①現場社員のアイデアで始まった、お客様に季節を感じていただくためのアイデア　②普通、清掃をするスタッフは清掃の仕事だけをして、清掃以外にお客様を喜ばせるためのアイデアがあったとしても会社にそのアイデアを伝えたり、それを実行したりするチャンスはないが、テッセイは現場スタッフの意見も聞いてくれるので、自分たちでお客様を喜ばせるアイデアを考え、積極的に会社のためになることを提案できるから。

> **WB ▶ p.062**
>
> **C 読み物 1 ▶ 内容質問**
>
> 3. 「3K」の職場で、なぜ「スタッフたちはみんな表情が明るく、やる気にあふれて」(行19-20) いるのですか。
>   テッセイの考えや仕事に向いている、やる気をしっかりと維持する人だけが残っているからだけでなく、テッセイが現場ありきの「全員経営」を目指していて、スタッフのアイデアが現場で採用されるからです。
>
> 4. TESSEI が目指している「現場ありきの『全員経営』」(行23) とは、どのような経営ですか。
>   TESSEI が目指している「現場ありきの全員経営」とは、実際に現場で掃除をするスタッフの人達の意見を重視して、社員全員が会社の経営に参加する【ボトムアップ】経営のことである。これは、社長が経営に関することをすべて決める【トップダウン】経営とは異なる。

■ 第7・8・9段落 (行29-37)

(行29)「お金にならない仕事」に喜びを見出す

- ①「お金にならない仕事」とは何を指すのか、②どうしてそれに喜びを見出すのか、を考えながら読む。答えはあとで確認する。

(行30-32) テッセイのおもな収入源は…清掃です。…お金が支払われます。

Q テッセイに支払われるお金は、どうやって決まるか。
A 清掃量に応じて決まる。

(行33-34) ですから…収入の範疇には入りません。

Q 「収入の範疇には入りません」とはどういう意味か。
A それをやってもお金はもらえないという意味。

(行35-37) でも、スタッフにとってはとても重要です。お客様に…つながるからです。

Q ①何が「スタッフにとってとても重要」なのか。②どうしてか。
A ①お辞儀やご案内などのサービス。　②お客様にサービスを提供し、お客様からたとえば「ありがとう」という一言をいただけたとしたら、それがスタッフの自己肯定感や自信につながるから。

Q ①「お金にならない仕事」とは何を指すのか、②どうしてそれに喜びを見出すのか。
A ①お辞儀やご案内などのサービス。②お客様にサービスを提供し、お客様から「ありがとう」という一言をいただけたとしたら、それがスタッフの自己肯定感や自信につながるから。

(行 38-43) 私からすればそれは「結果的にそうなっただけ」…世の中全体がそういう方向に動いているとも思えます。「お金になる」ことだけが…終わったということ。ビジネスである以上、…その大前提として…さしかかっているのではないでしょうか。

- ①「それ」(行 38) は何を指すのか、②何が「結果的にそうなっただけ」なのか、考えながら読む。

   Q 「結果的にそうなっただけ」とはどういう意味か。
   A 最初からそういう結果にしようと思ってしたのではなく、結果が偶然そうなったという意味。

   Q 「そういう方向に動いている」とは、どこからどういう方向に動いているのか。
   A お金になることだけをすばらしいと考えて働くことから、「人のためになる」「役に立つ」ために働くという方向へ動いている。

   Q 「その大前提として」とあるが、①「大前提」の意味は何か（辞書的な意味を答えさせる）。②何が何の大前提なのか。説明しなさい。
   A ①あることが成立したり、存在したりするための根本となる条件。②「人のためになる」「役に立つ」という意識が、お金を稼ぐことの大前提。つまり、「お金を稼ぐこと」の条件として「人のためになる」「役に立つ」という意識が大切だということ。

   Q ①「それ」(行 38) は何を指すのか。②何が結果的にそうなっただけなのか。
   A ①テッセイのスタッフが「お金にならない仕事」をすることに喜びを感じていて、またそれをすることでスタッフの自己肯定感が高まっていること。②会社（テッセイ）が、スタッフにさせた（スタッフの自己肯定感を高めるために、お金にならないサービスをするように会社が言った）のではなく、スタッフが自分から行動して自然にそうなった（スタッフの自己肯定感が高まった）ということ。

(行 44) これは、時代を把握する…と思います。

   Q 「これ」は何を指すか。
   A 「人のためになる」「役に立つ」という意識が、「お金を稼ぐこと」の大前提になっていることを指す。

(行 45-47) 働く側の…進んでいくのではないでしょうか。

   Q 「働く側」とペアになる言葉は何か。
   A サービスを受けた（受ける）側。

   Q ①「好循環」とはどういう意味か。②自分で読み物の内容以外の例を考えて説明しなさい。
   A ①二つのことが、お互いに影響しあってよい状態を作り出していくという意味。あることがいいことにつながって、次のいいことが生まれる。そして、そのいいことから次のいいことが生まれるということ。
   ②「テストでいい点を取る」→「先生や家族からほめられる」→「うれしいからもっと勉強する」→「次のテストでもっといい点が取れる」ということ。

> **WB** ‹ **WB ▶ p. 062**
>
> **C 読み物 1 ▶ 内容質問**
> 5. 「好循環が生まれる」(行 46) とありますが、どんな好循環か下の図を完成させなさい。

① スタッフが**お金にならない**仕事をする

② 客に**感謝**される

③ スタッフの**自己肯定感**や**自信**になる

6. タイトルの「奇跡の職場」とは①どこを指しますか。②どうして筆者は①を「奇跡の職場」と呼んでいるのですか。

① テッセイ

②「3K」の職場なのにスタッフがやる気にあふれているからです。

読んだ後で　< p. 164

- **3.** 解答例

　　清掃 は 3K と言われる敬遠されがちな仕事だが、テッセイのスタッフはいつも やる気 にあふれている。それは、テッセイが 現場 スタッフの意見を聞き「 全員経営 」をしているからだ。また、スタッフが現場でするご案内などの サービス は お金にはならない が、それをすることによりお客様から感謝の言葉がもらえて、それがスタッフの 自己肯定感 や自信につながっているからだ。

- **4.** は、「全員経営」に賛成か、反対かに分かれてディベートを行ってもよい。

- **5.** は、具体的に仕事を決めると、答えを考えやすくなる。例えば、他の「敬遠されがちな仕事」を考えて、やる気にさせる具体的な案を考える。できるだけお金以外のことで考えさせる。

読み物 2　あらしのよるに　< p. 169

目標　寓話を含んだ文章を読んで、筆者の主張がわかる。

読む前に　< p. 165

- **2.** は、どんな教訓が含まれているかまで言えない学習者がいる時は、イソップ物語などの例を出すとわかりやすい。

読み物本文　< p. 169

WB < WB ▶ p. 063

A **読み物2 ▶ ○×チェック**

①（×）　②（○）　③（○）　④（×）　⑤（×）

① (行 24-29)「ヤギはオオカミに食べられるものという常識はいったいだれが決めたのだろうか。…永遠に天敵なのだろうか。」とあるので、「子どもが常識を学ぶのに役立つ」ものだと筆者が考えているわけではない。

④ (行 71-72)「人間に敬意を示して距離を置くライオンもいる」とあるので、「昔から今までずっと天敵」は間違い。

⑤ (行 88-92)「友好的な関係になったのは…一つの群れだけである。他の数万のゴリラたちは…敵意を抱いている」とあるので、「大部分のゴリラ」ではない。

読みのストラテジー ▶ 練習

(1) ① 仲良くなって進む。　② 観光の一番の魅力になった　③ ゴリラは人間に敵意を示さず、受け入れてくれるようになった。

(2) c.

　　a. 歌舞伎を見てほしいわけではない。

　　b.「ヤギはオオカミに食べられるものという常識はいったいだれが決めたのだろうか。…永遠に天敵なのだろうか」とあるので、「友情を大切にしてほしい」わけではない。

　　d.「あらしのよる」は隠喩なので本当に嵐の晩を体験してほしいわけではない。

　　e.「ヤギはオオカミに食べられるものという常識はいったいだれが決めたのだろうか。…永遠に天敵なのだろうか。」とあるので、「心が折れそうになる経験から何かを学んでほしい」わけではない。

■ 第1・2・3段落 (行 1-29)

Q「あらしのよるに」のストーリーの説明は何行目から何行目までか。

A 6行目から21行目まで。

WB ❬ WB ▶ p.064

C **読み物2 ▶ 内容質問**

1.「あらしのよるに」のストーリーを簡単にまとめなさい。

　　ある嵐の夜に、（①**ガブ**）と（②**メイ**）が小屋に逃げこんだ。小屋の中は暗かったので、二人はお互いに正体がわからないまま話をして仲良くなった。しかし次の日の昼にもう一度会うと、（③**オオカミ**）と（④**ヤギ**）だったということがわかった。③にとって④は（⑤**ごちそう**）で、④にとって③は（⑥**天敵**）だ。二人はそれぞれの仲間に説得されて心が折れそうになるが、結局、（⑦**歴史的関係**）より、（⑧**友達になった気持ち**）を大切にすることにした。

(行 12-13) 二人は…煩悶する。

Q どうして「二人は…煩悶する」のか。

A オオカミとヤギは食う、食われるの関係であるのに、あらしの夜の暗闇の中で仲のいい友達になってしまったから。

(行 16-17) それぞれが…心が折れそうになる。

WB ❬ WB ▶ p.064

C **読み物2 ▶ 内容質問**

2.「それぞれが仲間に説き伏せられて心が折れそうになる」(行 16-17) とありますが、①「それぞれの仲間に説き伏せられる」とは、誰が、誰に、どのようなことを言われるということですか。②「心が折れそうになる」とはどういう意味ですか。

　　① ガブは他のオオカミたちに「メイと友達になってはいけない」と言われ、メイは他のヤギたちに「ガブと友達になってはいけない」と言われるということ。

　　② 友達でいることをあきらめそうになるという意味。

(行17-21) 最後にそれまでの…という物語だ。

Q「最後に」はどの言葉（動詞）を修飾しているか。
A「手を取り合って歩む」を修飾している。

- ワークブックの読みのストラテジー **B**（1）①の問題の答えを再び確認しつつ、「『最後に』だれが何をするのか」「それは、ガブとメイが今後どのように生きていくということなのか」についても確認する。

Q ①「最後に」だれが何をするのか。②それは、ガブとメイが今後どのように生きていくということなのか。
A ①ガブとメイが仲良く一緒に進んでいく。②ガブとメイが仲良く一緒に生きていくということである。

(行23-24) ここには…描かれている。

Q「ここ」は何を指しているか。
A「あらしのよるに」のストーリーを指している。

■ 第4・5段落 (行30-60)

(行30-33) 実は、こうした一見常識に見える絶対的敵対関係…解消してきたのである。

- 「一見常識に見える絶対的敵対関係」について、どのような例が出てくるか注目しながら読み進める。

(行38-41) 人間を襲い、…話を真に受けて…殺された。

Q「真に受ける」とはどういう意味か。
A「言葉通りに受けとる」「本当だと思う」という意味。

(行43-45) 人間はゴリラにとって…存在なのだ。

Q どうして「人間はゴリラにとってオオカミのような存在」なのか。
A オオカミがヤギを食べるのと同じように、中央アフリカの低地では人間がゴリラを食べるから。

(行45-48) しかし、…その見方は一転し…観光の目玉になった。

Q「その見方」とはどのような見方か。
A ゴリラは凶暴なジャングルの巨人であるという見方。

> ＜ WB ▶ p. 064
>
> **C** 読み物 2 ▶ 内容質問
>
> 3. 「一見常識に見える絶対的敵対関係を、人間は勝手に作り、そしてまた勝手に解消してきたのである」(行30-33) とはどういうことですか。人間のゴリラに対するイメージの変化を使って説明しなさい。
>
>   ゴリラは、19世紀半ばの欧米人にとって凶暴なジャングルの巨人だったので、殺された。しかし、今は大切な隣人として観光の目玉になった。また、中央アフリカの低地では昔から、肉資源として狩猟の対象にされていた。しかし、今は、食料とは見なされなくなりつつある。

(行51-52) 人間どうしの…同じことが言える。

 Q「人間どうしの関係でも同じことが言える」とは、どのような点が「同じ」なのか。

  A 一見常識に見える絶対的敵対関係を、人間は勝手に作り、そしてまた勝手に解消してきたという点。

 ・「一見常識に見える絶対的敵対関係」について、出てきた例の確認をする。以下のような段落構成になっている点に注意させる。

  (第4段落：行30-33) 筆者の主張：一見常識に見える絶対的敵対関係を、人間は勝手に作り、そしてまた勝手に解消してきたのである。

  (第4段落：行33-50) ゴリラの例

  (第5段落：行51-60) 人間どうしの例

■第6・7・8段落 (行61-96)

(行61-64) 昔から…教訓を語りかけてきた。

 Q「教訓」を修飾しているのはどこからどこまでか。

  A「私たち」から「見習うべき」まで。

(行65-68) それは一見、…気持ちの持ち方で変えられるということだ。

 Q「それ」は何を指しているか。

  A「あらしのよる」から私たちが学ぶことを指している。

> 〈WB ▸ p. 064〉
>
> **C** **読み物2 ▸ 内容質問**
>
> 4.「あらしのよる」から学べる教訓は何ですか。
> 一見とても変更しようのない関係も、気持ちの持ち方で変えられるということです。

 Q「気持ちの持ち方で変えられる」とあるが、①何をすれば、②何が変えられるのか。

  A ①今までの考え方や視点を変えれば、②絶対変わらないと思っていた関係／変わらないことが常識だと思っていた関係が変えられる。

(行75-78) 私はゴリラが人間の食料にされていた…武器も餌も使わずにゴリラと仲良くなろうと努力してきた。

 Q「ゴリラが人間の食料にされていた」とは、何が何をどうしていたということか。

  A 人間がゴリラを食べていたということ。

 ・「武器も餌も使わずに」とあるが、筆者がどうしてそうしたのか考えてみるのもおもしろい。

(行78-87) 最初ゴリラたちは…攻撃してきた。突進を受けて、…負った。しかし、敵意…人間を受け入れてくれる。10年近く…ゴリラと私たちは落ち着いて向かい合えるようになった。

 Q 筆者はどうやってゴリラと友好的な関係を築いたか。

  A 敵意のないことを辛抱強く示し続けることで、ゴリラと友好的な関係を築いた。

(行 92-93) しかし、それがいつか変わる日が来ると私は確信している。

> ⟨ WB ▶ p. 064
>
> C **読み物 2 ▶ 内容質問**
>
> 5. 「それ」(行 92) とは何を指しますか。
>   「他の数万のゴリラたちはまだ人間に強い恐怖と敵意を抱いていることを指します。

Q 「いつか変わる」とあるが、何がどのように変わるということか。

　A 今は人間に強い恐怖と敵意を抱いているゴリラが、いつか人間と友好的な関係を築くことができるようになるということ。

Q 「確信している」とあるが、なぜ筆者は確信しているのか。

　A 10 年近くかかったがゴリラの一つの群れと友好的な関係を築くことができたのだから、時間をかければ他の群れとも有効的な関係を築けると思っているから。

(行 94-95) それは人間社会にも言えることではないだろうか。

Q 「それは人間社会にも言えることではないだろうか」とあるが、どんなことが人間社会にも言えるのか。

　A 敵対関係が友好的な関係に変わるということ。

• 「一見常識に見える絶対的敵対関係」について、出てきた例の確認をする。以下のような段落構成になっている点に注意させる。4・5 段落でも述べた主張を別の例で繰り返していることに注目させる。

(第 6 段落：行 66-67) 筆者の考え：一見変更しようのない関係も気持ちの持ち方で変えられる。

(第 7 段落：行 70-75) ライオンの例

(第 7 段落：行 75-87) ゴリラの例

Q ①隠喩が含まれている文を段落の中から探しなさい。②その文にはどのような意味があるか。
(※テキストの読みのストラテジー❷の練習問題✎と同じ問題)

　A ① ぜひ「あらしのよる」を体験してほしいと思う。
　　②「あらしのよるに」の物語のように、一見常識に見える敵対関係であっても友好的な関係に変えられるということを体験してほしいという意味がある。

• 「あらしのよるに」のアニメ（映画／ DVD シリーズ）の冒頭の部分を見てもよい。インターネットなどにある絵本の読み聞かせの場合は、日本語に役割語が使われていてわかりにくい場合もあるので注意する。

読んだ後で ⟨ p. 165

• 3. 解答例
　「あらしのよるに」の話の中では、敵対関係にあるオオカミとヤギが友好的な関係になれた。人間も考え方や気持ちの持ち方を変えれば、今まで常識と思われてきたこと（敵対関係）を変えることができるのではないか。

• 4. は、繊細な問題も含まれているので、クラスの雰囲気や時事（戦争や紛争の現状）に注意しつつ、話し合いを行う。

- **5.** は、今まで常識と思われていた「考え方」や「習慣」などに広げて話してもよい（何か昔の常識と変わった／変わってきていることがあるか、これから変えるべきだと思うことがあるかなど）。その場ではすぐに思いつきにくいので、事前に考えてこさせてもよい。また、教師がそのような常識の例を準備しておき、ヒントやディスカッションの材料にしてもよい。

書く 小論文　p. 180

| 目標 | ・ 小論文が書ける。 |

| 留意点 | ・ 論点が理解できていなかったり、アイデアが出ない学習者もいるので、タスクの**書く前に**（2）〜（4）の質問を使って、ペアや全体でブレインストーミングをするとよい。
・ **カルテットオンラインまたはリソースパックの書くのワークシート**を使って、アウトラインを考えてから書く。できれば、アウトラインで理由や例に重なりがないか教師がフィードバックを行ってから書かせるとよい。
・ タスクの書く前に（1）の①〜③の論点では、①③②の順で理由が書きやすい。 |

| 発展活動 | ・ 作文で書いた内容を使って、ディベートを行ってもよい。 |

話す 人や社会とのつながり　p. 184

| 目標 | 会話1：別れの時に感謝の気持ちが伝えられる。
会話2：ディベートができる。 |

| 留意点 | 会話1：・ お礼の内容が1つしかなければ「1-4 練習しよう」の❹（　）の部分は言わなくてもよい。❹「〜なければ、…ませんでした」は、「…」が可能形になる。
・ プレゼントは気持ちなので、絶対に渡さなければいけないというものではないと添える。ただし、会社の場合、上司一人に渡すのではなく、お世話になった部署の人全員へお礼のお菓子（大きな箱に入ったお菓子）などを渡す人が多い。
会話2：・ 宿題として「賛成か反対か」、「その理由2つ」、また「相手側の反論の質問」を予想させ、その答えも準備させておくとスムーズに行える。また、自分の本当の意見に関わらず賛成と反対のアイデア両方を考えてこさせると、賛成反対どちらになってもディベートができるので、欠席者や賛成か反対かという学習者の希望に左右されずにチーム分けがスムーズにできる。必要であれば、理由のアイデアを事前に提出させ、日本語のフィードバックをしておくと、ディベートをする時に相手に主張が伝わらないということを防げる。また、あらかじめ賛成と反対のペアを決めておくと授業活動がスムーズに進む。
・ 実際のディベートに入る前に、練習として本番とは違うペアで一方（A）が主張を述べ、もう一方（B）が反対の質問を1つ述べ、それにAがこたえるという短 |

いやり取りの練習を行っておいてもよい。グループに分かれて本番のディベートを行う前には、全体で流れを確認してから行う。

- ディベートは最低 3 〜 4 人で行う（司会／＆ジャッジ、賛成、反対）。1 回 20 〜 25 分で行い、反対の質問を考える時間は 4 分程度、まとめのスピーチを考える時間は 2 分程度取るとよい。
- クラスのレベルによっては、「住むなら都会のほうがいい」や、「ペットを飼うなら、犬のほうがいい」というようなよりアイデアが思いつきやすいトピックで、あまり準備に時間をかけずに行うこともできる。その場合、トピックは「犬と猫どちらがいいか」ではなく、「ペットを飼うなら、犬のほうがいい」という、賛成か反対に分かれる書き方で設定しなければ、「練習しよう」のモデルが使いにくいので注意する。
- 「2-4 練習しよう」のモデル会話にある❺の「{」の表現はどちらか 1 つを選んで使う。
- ディベートの場合も、**カルテットオンラインまたはリソースパックの「話す」のチェックシート**を使って、自分の発話をチェックさせる。会話を録音しておいて、後で聞いてチェックさせてもよい。

発展活動	会話 1：

会話 1：• 会話の表現を変えて、メールやお礼の手紙を書いてみる。

会話 2：賛成と反対それぞれ 1 チーム 2 〜 3 名編成のチームでディベート大会を行う。クラスの人数が多ければ、勝ったグループ同士でもう一度する。

求められる人材 p. 197

目標	

聴解 1：企業が求める人材のグラフを見ながら講演を聞き、内容がわかる。

聴解 2：会話を聞き、グローバル人材に求められる能力についてわかる。

留意点	

聴解 1：• 言葉が難しいので、単語を確認してから行うとよい。
- a から h の特徴を見て、日本の文化を考慮するとどのような人材が求められるのかを予想してから聞いてもよい。

聴解 2：聞く前にの質問は、学習者からなかなか出てこない可能性もあるので、教師が国際的に活躍できる仕事を考えておき、どのような能力が求められるか考えさせてもよい。

発展活動	

聴解 1：**カルテットオンラインのリソースを使い**ノートテイキングアクティビティを行う。

聴解 2：• ここで挙げられた能力で自分が身につけたいものを挙げてもらい、それを身につけるには具体的にどのような行動をとればいいのかディスカッションする。
- 実際に日本や自分の国の就職セミナーに参加したり、自分の興味がある仕事についてインターネットで調べたりして、どんな人材（どんな能力やスキルを持った人）が求められているか（優遇されるのか／または入った後にどのようなスキルが必要になるのか）を調べてみる。業界によって、またクラスにいろいろな出身の人がいる場合は国や地域によって違いがあるか調べさせ、発表させる。

テストと評価について

　学習到達度を測るためのテスト問題や評価の例をご紹介します。それぞれの問題は小テスト（quiz）として教師用リソースパック（RP）に収録されており、そのまま利用することができます。

1 単語・漢字テストの例

● 単語（三択問題）

〈例：第 1 課・読み物 1〉

・大学を卒業したら、日本の会社に【 a.（しゅうしょく） b. こうえん　c. しょうらい 】したい。

　RP の小テスト：単語 A（quiz_tangoA_santaku）は、読み物ごとに別冊の「覚える単語と例文」から 10 問ずつ出題されています。選択肢 a・b・c はすべてその課の「覚える単語」です。この小テストは読み物の授業の前に行うことを想定しており、「覚える単語」が漢字で表記されている場合も、〈例〉のようにすべてひらがなで提示されています。この形式は準拠アプリの単語クイズと同じなので、AP で勉強させてから、このクイズを行ってもよいでしょう。

● 単語（ひらがな穴埋め問題）

〈例：第 1 課・読み物 1〉

・大学を卒業したら、日本の会社に（　しゅうしょくし　）たい。

> しゅうしょくする・とる・かんきょう

　RP の小テスト：単語 B（quiz_tangoB_anaume）も同様に、「覚える単語と例文」から 10 問ずつ出題されています。例文の（　　　）に当てはまるものをテスト用紙下の □ の中にある 15 の選択肢から選び、必要なら形を変えて書くという形式です。選択肢はすべて「覚える単語」からの出題です。この小テストも読み物の授業前に行うことを想定しており、「覚える単語」が漢字で表記されている場合も、〈例〉のようにすべてひらがなで提示されています。小テスト：単語 A と比べるとやや難易度が高く、選んだ単語の活用形や接続の形について学習者に意識させられるよう工夫されています。

● 漢字読み

〈例：第 1 課〉

・尊敬する → ＿そんけい＿ する

　RP の小テスト：漢字読み（quiz_kanji-yomi）は、別冊の「漢字リスト」から課ごとに 20 問ずつ出題されています。漢字には「読み書きを求めるもの（◆）」と「読みだけでいいもの（◇）」の 2 種類がありますが、どちらもその新出漢字を含む単語の形式で出題されています。予習として読み物授業の前に行っても、また、復習として後に行っても活用できるよう想定しています。

● 漢字読み・書き

〈例：第 1 課〉

・環境問題がひどくなっています。（←読みだけでいいもの（◇）の中から出題）
　かんきょう

・山中教授は 2012 年にノーベル賞をとった。（←読み書きを求めるもの（◆）の中から出題）
　　　　　　　　　　　取った

　RP の小テスト：漢字読み・書き（quiz_kanji-yomikaki）は、別冊の「漢字リスト」から課ごとに、

「読みだけでいいもの（◇）」から 10 問、「読み書きを求めるもの（◆）」から 10 問、計 20 問が出題されています。〈例〉のように、「読みだけでいいもの（◇）」は下線部の漢字の読み方をひらがなで書きますが、「読み書きを求めるもの（◆）」は下線部を漢字で書き、必要なら送り仮名も書きます。この小テストは復習として読み物授業の後に行うことを想定しています。

2 文法テストの例

● 文法

RP では、小テスト：文法（quiz_grammar）として、テキストの文型・表現ノートから以下の 4 種類の問題が出題されています。文型・表現ノートのまとめの練習と読み物 1・2 が終わってから、文型・表現や単語の使い方の定着度をチェックするために行うことを想定しています。

Ⅰ．助詞の選択問題

〈例：第 1 課〉

• 先生に作文（ で ・(を)）直してもらいました。

別冊「覚える単語と例文」の例文をそのまま使用した助詞の選択問題で、読み物 1・2 どちらからも出題されています。助詞は新出単語に関連するものが選ばれており、〈例〉の場合、新出単語「直す」に関連する「を」を正しく選択できるかを見ます。

Ⅱ．文型・表現の選択問題

〈例 1：第 1 課〉

• 日本で一番有名な大学（ に ・ が ・(と)）いえば、東京大学だろう。

〈例 2：第 1 課〉

• 先生に（ 言う ・ 言わせた ・(言われた)）とおりに毎日漢字の練習をしています。

文型・表現ノートの☆があるもの・ないもの、どちらも出題されています。〈例 1〉は、文型・表現の一部分（「～といえば」の「と」）を問う問題で、文型・表現を正しく覚えているかどうかを、〈例 2〉は、文型・表現で使う動詞が正しく活用できるかをチェックする問題です。

Ⅲ．下線部を埋める問題

〈例 1：第 1 課〉

• A：体にいいことって、何かしている？

　B：私は　毎日運動する　ようにしているよ。

〈例 2：第 1 課〉

•　天気予報　によると、　明日は雨が降る　らしい。

文型・表現ノートの☆があるものが出題されています。ワークブックの文型・表現ワーク A 基本練習と同じ、下線の空欄を埋める問題です。〈例 1〉のような会話形式と、〈例 2〉のような単文の問題があります。

Ⅳ．文型・表現を使って質問に答える問題

〈例：第 1 課〉

• Q：あなたの国に行った時、おみやげが買いたいんですが、何かおすすめ (recommendation) はありませんか。（～なら）

　A：　台湾に行くなら、パイナップルケーキがおいしいですよ　。

文型・表現ノートの☆があるものについて、会話形式で質問に答える問題です。使わなければいけない文型・表現は、Q の最後の（　　）内に提示されています。文型・表現がよく使われる文脈で、正しく使えるかチェックする問題です。

3 読み物テストの例

RP にはサンプルとして、第1課と第8課の読み物テスト（sample_yomimono-test）が収録されています。ワークブックの文型・表現ワーク C 口頭練習のような問題で、読み物1・読み物2の授業が終わった後に、読み物がしっかり読めているかチェックするテストです。どのような設問があるか、例を以下に挙げます。このサンプルテストの形式と「第3章：各課の指導ポイント」の「教え方のヒント」にある QA を参考にして、テストを作成してください。

● 接続表現を問う問題

文の前後関係を理解できているかチェックします。

〈例：第1課・読み物1〉

本文：宮﨑監督は、髪とひげが白くて、黒いふちのメガネをかけている。笑顔の監督は優しそうに見えるが、映画を作る時にはとても厳しくなる。（　A　）、自分が言うとおりに描けるまでスタッフに何度も絵を直させる。

・（A）に入る言葉を □ の中から選びなさい。

> しかし　　また　　（例えば）　　最後に

● 内容が正しく読み取れているか問う問題

内容が正しく読み取れているかチェックします。

〈例：第1課・読み物1〉

・次の映画の中で、どの映画がアカデミー賞を取りましたか。

（　○　）「千と千尋の神隠し」
（　　）「もののけ姫」
（　　）「となりのトトロ」

● 指示詞を問う問題

「これ・それ・あれ」などの指示詞の前後関係を正しく理解し、指示詞が何を指すかチェックする問題です。

〈例：第8課・読み物1〉

・「それ」とは何を指しますか。

● 言葉・表現の意味を問う問題＆動作主・被動作主・対象を問う問題

〈例〉の（1）は、言葉・表現の意味を日本語で説明させ、理解をチェックする問題で、日本語で説明してもらいます。（2）（3）は、だれが、だれに対して行う動作なのかを聞いて、その理解をチェックします。動作によっては、「何を」を問うこともできます。

〈例：第8課・読み物1〉

・「お叱りを受ける」とあるが、（1）「お叱りを受ける」とはどういう意味ですか。（2）だれが、（3）だれを叱るのですか。

（1）「お叱りを受ける」は＿＿注意される＿＿という意味です。

（2）＿＿客＿＿が（3）＿＿旅館のスタッフ＿＿を叱ります。

● 読み物の内容から例を自分で考える問題

　　読み物の内容を理解し、そこに書いてある内容と合う例が挙げられるかどうかチェックする問題です。

〈例：第8課・読み物1〉

・「同じお客様でも時によって要望がかわることもある」例を自分で考えて書きなさい。

4 「書く」「話す」の評価方法の例

✎ 書く

　　2 タスクの書いてみようの指示に沿って、モデル作文と同じような構成で書かれているかを評価項目にするとよいでしょう。

【評価項目の例】

・内容：タスクで求められている内容が具体的に／説得力を持って書かれているか。
・構成：モデル作文のような段落構成で書かれているか。
・書くポイント：書くポイントが正しく使えているか。
・文法・単語の正確性：読み手の理解を妨げる間違いはないか。
・表現の豊かさ：多様な表現が使われているか。短文の羅列になっていないか。
・表記：誤字・脱字、漢字・ひらがなのスペルミスはないか。原稿用紙に書く場合使い方は正しいか。
・文体：指定された文体で書かれているか。
・字数：指定された字数で書かれているか。

💬 話す

　　『カルテットⅠ』は会話1と会話2、『カルテットⅡ』は会話1を使って、ロールプレイの試験を行うことができます。『カルテットⅡ』の場合は、ロールプレイに加えて、会話2を使ってスピーチの口頭試験を行うことも可能です。

【評価項目の例】

〈ロールプレイ〉

・タスク：「練習しよう」のパターンに沿ってタスクが達成できたか。
・適切さ：タスクや状況に合った態度（姿勢やイントネーション）だったか。話す内容（理由など）が適切であったか。
・キーフレーズ：正しく使えたか。
・正確さ：文法や単語の選択が適切か、正しく使えたか。

〈スピーチ〉

・構成：モデル会話のスピーチのような構成で話せたか。
・内容：タスクで求められている内容であったか。
・キーフレーズ：正しく使えたか。
・正確さ：文法・単語が正しく使えたか。
・印象：アイコンタクトができていたか。マナー、態度は適切であったか。

　　「話す」のチェックポイント（カルテットオンラインおよび RP から入手可能）は、モデル会話に沿ってタスクが達成できたか、キーフレーズが適切に使えたかという観点から設けられています。評価項目を作成する際は「話す」のチェックポイントの項目を参考にしてください。